LE

COMTE DE SAINT-GERMAIN

ET

LA MARQUISE

DE POMPADOUR.

IMPRIMERIE DE A. HENRY.
rue Git-le-Cœur, n. 8.

LE
COMTE DE SAINT-GERMAIN
ET
LA MARQUISE
DE POMPADOUR,

PAR Mme D***,

AUTEUR DES MÉMOIRES D'UNE FEMME DE QUALITÉ.
ET DE LA DUCHESSE DE FONTANGE.

TOME SECOND.

PARIS,

LECOINTE ET POUGIN, libraires, quai des Augustins, n° 49.
LEQUIEN, fils, libraire, quai des Augustins, n° 47.
CORBET, aîné, libraire, quai des Augustins, n° 61.
PIGOREAU, libraire, place Saint-Germain-l'Auxerrois, n° 20.

1834.

CHAPITRE PREMIER.

Nulli imponas quod ipse , non possis pati.
SYRUS.

N'exigez pas qu'un autre endure ce que vous ne pouvez vous-même souffrir.

Deux choses à la cour s'allient bien, l'insensibilité envers les misérables, et la sensibilité pour tout ce qui est riche et puissant.

Recueil de Maximes.

IL PART.

Lorsque le comte de Saint-Germain se fut retiré, madame de Pompadour demeura plongée dans une sombre rêverie. Son esprit hautain et opiniâtre avait presqu'envie de quereller le hasard du cas fortuit qui empêchait que, dans la glace magique, on ne pût lire le nom du futur époux d'Alexandrine, ou mieux encore y voir ses traits. Par fois elle se figurait que l'accident survenu était une ruse du comte qui, n'ayant pas la puissance qu'il se donnait, s'était servi de ce moyen pour ne pas compromettre la sienne; mais aussitôt elle rejetait cette pensée au souvenir de tout ce qu'elle avait vu faire de prodigieux à cet étranger.

« Dans tous les cas, se disait-elle, qui que ma fille épouse, ce ne sera pas ce misérable polisson... Est-il possible que, dans son audace, il ait osé lever les yeux sur elle et concevoir des espérances..., et cette folle créature elle aussi.... et je n'ai vu ce crime que d'aujourd'hui...; allons ne perdons pas de tems; une bonne lettre de cachet et une prison à cent pieds sous terre; il aura là le tems de réfléchir. »

La marquise sonna et un domestique étant accouru.

« Qu'on fasse venir Collin, dit-elle. »

Chaque fois que madame de Pompadour voulait frapper en secret un de ses ennemis, c'était par l'intermédiaire de son maître-d'hôtel qu'elle arrivait au comte de Saint-Florentin, ministre secrétaire d'état au département de la maison du roi, et qui avait le dépôt de ces lettres terribles dont la venue était toujours redoutable et qui, presque toujours, frappaient par caprice et non par nécessité. L'habitude de charger Collin de ce soin, porta machinalement la marquise à l'appeler dans cette circonstance où, au contraire, elle n'entendait pas employer son aide ; car elle connaissait l'affection qu'il vouait au jeune coupable, mais préoccupée à l'excès, ce nom auquel elle était habituée se présenta de lui-même et lorsqu'il fut prononcé ne retira pas la favorite du chaos de ses réflexions chagrines.

Collin ne tarda pas à paraître devant sa maîtresse qui, en le voyant, s'aperçut de la faute qu'elle avait faite, mais au lieu de la réparer en gardant le silence sur le point dont sa politique aurait dû dérober la connaissance au tuteur de Géréon; un entraînement de colère et non moins ce besoin qui nous est si commun de chercher autour de nous un confident du mal qui nous dévore, changèrent soudainement sa résolution, elle dit en voyant son maître d'hôtel :

« Vous avez fait de belle besogne, et j'ai de grandes actions de grâce à vous rendre au sujet du serpent que vous avez jeté dans ma maison. »

Le ton de haute fureur que la marquise mit à prononcer cette phrase, l'irritation manifeste éclatant dans ses yeux enflammés, et le tremblement convulsif de ses lèvres, de ses mains, annoncèrent à Collin, plus encore que ce qu'il venait d'entendre, jusqu'où montait le mécontentement de la marquise. Accoutumé à la craindre d'autant mieux qu'il la connaissait parfaitement, et d'une autre part, ignorant de tout point à qui elle faisait allusion, il se laissa aller à une frayeur telle que sa consternation ne se cacha pas non plus, et se fut avec peine que, du ton le plus humble, tout en se justifiant à l'avance, il demanda à la marquise le sujet de son mécontentement.

Elle, déjà rentrée dans le plein usage de sa raison et tandis que Collin parlait, ayant songé combien il était important à ses intérêts d'ensevelir sous un profond silence tout ce qui l'irritait à l'excès, se détermina, non à donner à Collin la mission de la débarrasser de son pupille, ce qui ne pourrait avoir lieu qu'en lui apprenant la faute énorme de ce dernier, mais à se contenter de baser la plainte sur la hardiesse avec laquelle Géréon lui aurait répondu, et reprenant la parole :

« Oui, dit-elle vous êtes coupable, et je le suis peut-être avec vous d'avoir souffert et vous de m'avoir demandé l'admission, parmi mes commenseaux, de ce jeune insensé dont l'arrogance n'a pas de bornes... écoutez moi bien, je ne peux désormais supporter la présence de Géréon, il faut que, sans retard, il s'éloigne, je veux qu'il parte. »

Collin, surpris de ce changement soudain de volonté, mais remis en partie de son trouble, répondit avec autant de respect que de soumission que madame la Marquise serait obéie.

« Oui, la chose doit avoir lieu, reprit celle-là, et le plus tôt sera le mieux ; puisque le bâtard a le goût d'aller courir les aventures, laissons-lui en la liberté ; qu'il sorte de France, qu'il aille où bon lui semblera, je lui laisserai carte blanche ; mais le supporter plus long temps dans mon intérieur, non ! je le trouve toujours en opposition à ma volonté ; son obéissance est tellement insolente qu'il semble m'accorder une grâce et non faire comme tout le royaume ; c'est un monsieur si audacieux ! »

Collin se contenta de dire que Géréon était bien jeune pour qu'on l'abandonnât ainsi ; que puisque Madame ne voulait pas qu'on le plaçât dans l'intérieur, soit en une charge de finance ou dans un grade militaire, il fallait qu'elle consentît à ce qu'un gouverneur lui fût donné.

« L'avez-vous tout prêt à prendre cette fonction ?

» — Non Madame.

» — Eh bien ! il ne me plaît pas de l'attendre ; il faut demain que Géréon ne soit plus à Versailles, et après-demain à Paris. Qu'il passe la frontière, qu'il s'en aille en Italie, on fera courir après lui ce mentor dont sans doute il ne tardera pas à secouer le joug. C'est un esprit si orgueilleux.

» — Madame sera obéie selon sa volonté, dit Collin, tout en éprouvant un chagrin extrême; car il aimait tendrement son pupille, mais qui pouvait concevoir l'idée de résister en face à la marquis lorsque son courroux éclatait avec tant de violence? Madame, poursuivit ce serviteur craintif, ne voudra-t-elle pas permettre que ce jeune homme, en prenant congé d'elle la remercie des bontés qu'elle a eues pour lui?

» — Moi! le voir!...... c'est inutile qu'il parte chargé de mon mécontentement.. néanmoins...Collin, vous serait-il agréable que je le visse?...il est certain que puisqu'il nous quitte sans retour ..je peux...allons Collin, vous abusez de ma faiblesse pour vous.

» — Je vais aller chercher ce malheureux

disgracié, et veux que, devant moi, il demande pardon à Madame.

» — Lui! descendre jusque là! oh! vous connaissez mal ce superbe caractère; vous ne verriez que sa rudesse inflexible; je consens à le voir, mais seul. Allez, mon ami. »

Le maître d'hôtel s'éloigna le cœur brisé; un soupçon vague lui faisait pressentir que le châtiment dont on frappait son pupille partait de plus haut que du besoin de le punir de ses manières indépendantes; qu'un motif plus direct, plus intime, avait allumé le courroux de la marquise, et si la perspicacité du tuteur alla jusqu'à l'entrevoir, il en fut si fort épouvanté qu'il ne voulut pas se l'avouer à soi-même et qu'il se contenta de croire que la marquise, en frappant d'exil Géréon, le punissait uniquement de sa roideur et de ses caprices. Il s'éloigna pour aller à la recherche de celui-là, tandis que madame de Pompadour s'admirait de la magnanimité avec laquelle sa clémence pardonnait à un audacieux. Elle se flatta que le jeune homme ne reparaissant pas devant Alexandrine, n'entretiendrait point cet amour allumé par le seul fait de sa présence, et que, de l'autre, sa fille ne concevrait plus la possibilité d'un refus.

Il est étrange avec quelle facilité ceux en possession du pouvoir se figurent que, pour que tout aille selon leur fantaisie, il ne s'agit que de développer leur volonté; dès lors, selon eux, les événemens, la fortune, les décrets de la providence, la fatalité, qui est presque toujours l'expression de cette dernière, doivent se ranger suivant leur caprice. Ils commandent, puis s'arrêtent et se reposent et lorsque ce qu'ils attendent n'arrive pas, lorsque l'ordre céleste contrarie le leur, et lorsqu'ils s'en aperçoivent, soudain leur irritation se change en démence, et c'est contre Dieu même qu'ils osent combattre. La défaite n'est pas incertaine, ils tombent dans les filets où ils se flattaient de prendre leurs ennemis.

Sur ces entrefaites, la maréchale de Mirepoix arriva. Dès qu'elle eut été annoncée, la marquise remonta son visage au ton de l'indifférence ; c'est un travail si journalier à la cour, et tellement d'habitude, qu'il n'est plus une gêne, et, pendant la violence des angoisses qui brisent un cœur, la physionomie conserve une sérénité contre laquelle se brise l'investigation maligne du courtisan curieux.

« Eh bien ! ma chère amie, dit la petite maréchale (c'était le sobriquet qu'on lui donnait à Versailles), c'est donc demain que Ravaillac second saute le pas ? On prétend que, pour lui, la journée sera rude...... le monstre, qu'il mérite bien les tortures dont on le punit ! ! !

» — Est-ce demain ? demanda la marquise, Oh ! comme le tems passe, il semble à mon cœur que c'est hier que le roi a été frappé.

» — Et au mien, je fus prête à mourir de chagrin... ; tuer un roi, est-ce possible..?

» — On en tue, c'est certain, et voici le

troisième en France, et dans moins de deux cents ans.

» — Cela fait frémir, quand on y pense, Le meurtre d'un roi, c'est plus que la mort d'un homme... A propos! ne pensez-vous pas que ce spectacle de demain sera-très curieux... n'avez-vous à ce sujet, aucun plan arrêté?

» — Moi, aller voir le supplice de ce scélérat.

» — Par amour du roi, ma chère.

» — Fi! l'horreur!!

» — Je vous en demande pardon, mais nous nous avons avec la maréchale de Luxembourg, le chevalier de Coigny et le comte de Senneterre fait la partie d'aller à la Grève passer une heure ou deux; nos préparatifs sont faits, une chambre est louée, on y a dû porter aujourd'hui, de quoi faire collation et toutes sortes de confortatifs; car, certainement, nous aurons, madame de Luxembourg, ou moi, des attaques de nerfs, cela sera atroce..., je vous en rendrai compte...... venez avec nous...

Un bon déguisement comme le nôtre, ce sera charmant; nous rirons, ferons des folies... Ah! quand on aime le roi comme il est adoré de nous tous, rien ne coûte pour le prouver. Amenez l'abbé de Bernis, il nous lira ses vers.

» — Je ne veux pas demain quitter Versailles, répondit la marquise; le roi réclamera tout le jour ma présence, et ce souvenir du péril qu'il a couru...

» —J'en suis fâchée, vous auriez été l'âme de notre charmante partie, et vous savez le proverbe *plus on est de fous*. ...

» — Grand merci, maréchale, du titre que vous nous donnez libéralement à madame de Luxembourg et à moi.

» — Ne me mets-je pas en troisième?

» — Oh! si c'était en première, vous auriez encore une place plus convenable.

» — Je vous fais rire, tant mieux; la journée de demain répand sur le château une tristesse toute de souvenir; on y est aujourd'hui tellement sombre...: quant à moi, je vois tout en noir...;si nous allions à la promenade ?

» — Je ne peux encore, j'attends une visite.

» — Quel ambassadeur ?

» — Un polisson, un enfant qui s'en va de ma maison; vous l'avez aperçu peut-être, le pupille de mon maître d'hôtel.

» — Je ne vois ici que vous, chère marquise; les autres, je leur applique ces vers de Mardochée dans Esther :

Sont tous devant mes yeux comme s'ils n'étaient pas.

Cette flatterie alla droit à son but; Madame de Pompadour en sourit de contentement, et la petite maréchale poursuivit :

« Cependant, il me semble que j'ai entrevu ce jeune homme, une seconde, en manière d'éclair; oui, un bambin qui servait à l'amusement de la séduisante Alexandrine.

La marquise tressaillit.

» — Quand mariez-vous cette beauté céleste ? A quel heureux du siècle la destinez-vous ? Que n'ai-je un fils !... Ma chère amie, dit encore la maréchale, en baissant la voix et en prenant un air piteux ; je suis de plus en plus malheureuse, le jeu, les fantaisies me ruinent ; ma position est à plaindre, le roi ne pourrait-il pas venir à mon secours ?

» — Il n'a pas un sou, à ce qu'il me jure, répondit la marquise, en riant, et l'autre jour, ayant à récompenser une personne de son intérieur, il n'a trouvé dans sa bourse que cinq louis... ; mais voyez le contrôleur-général, et si la somme n'est pas trop forte je lui parlerai.

» — Hélas ! une misère, trente-six mille francs !

» — Cela ne vaut pas la peine de se tourmenter, soyez tranquille, je veillerai à ce que Moras (le contrôleur-général) ne vous fasse pas attendre.

» — Vous êtes divine, s'écria la maréchale, en embrassant avec vivacité Madame de Pompadour ; grâce à vos bontés, j'irai demain tranquille à la Grève. Je mourais de peur d'y paraître maussade ; et, en vérité, sans vous, je n'aurais pas été bonne à jeter aux chiens. »

La conversation fut ici interrompue par la vivacité avec laquelle Géréon entra dans la chambre du côté de l'extérieur de l'appartement. Madame de Mirepoix en poussa presqu'un cri de frayeur ; la marquise, qui avait eu sa part d'épouvante, dit à Géréon avec aigreur.

« Vous ne changerez donc jamais, turbulent que vous êtes ?

Elle allait poursuivre le cours de ses reproches, mais un regard jeté sur les traits décomposés du jeune homme la rendirent muette ; un désespoir amer, une impatience non retenue, un orgueil offensé dans ce qu'il avait de plus cher ; tout cela se peignait à la fois dans la personne de Géréon, et sans donner de son côté à la marquise le tems de poursuivre, si elle l'eût voulu.

« Est-il vrai, dit-il, que madame me chasse à l'instant même ? »

Cela fut dit, non avec une modestie chagrine, mais avec une hauteur superbe qui étonna madamee la maréchal de Mirepoix, et qui, si elle irrita la marquise, lui inspira en même tems une sorte de frayeur : les âmes opiniâtres n'aiment pas à se heurter contre les âmes énergiques ; c'est un contact qu'elles redoutent toujours, en raison du sentiment intime de leur propre faiblesse ; elles peuvent bien la déguiser en face des indifférens, et lui donner tantôt les apparences du courage, mais la chose ne peut être ainsi, là, où une fermeté véritable leur est opposée.

Madame de Pompadour, néanmoins, sans laisser voir ce qui l'agitait :

« Passez dans mon cabinet de travail, dit-elle, attendez que je vous rejoigne, et croyez moi, modérez-vous d'abord ; cette brusquerie, cette audace vous seront nuisibles; vous ne trouverez pas toujours pour les supporter l'indulgence pernicieuse dont on vous a donné tant de marques et dont vous n'avez cessé d'abuser. »

Aussitôt que Géréon eût obéi, tout en manifestant combien peu cet acte de soumission lui était agréable, la maréchale de Mirepoix s'adressant à la marquise de Pompadour.

« Ma belle amie, quel est donc le nom de prince de ce petit monsieur ? malpeste ! comme il a le propos hautain ! appartiendrait-il par quelque bout à la famille royale ?

» — Vous voyez lui fut-il répondu, l'effet d'une sotte éducation. On a aidé ce caractère à se développer en insolence et contentement de soi-même... quant à ce qu'il est, voici son histoire

Et la marquise répéta de point en point ce qu'elle savait.

« Ainsi donc il est comme tombé des nues ?

» — Oui, à peu près.

» — Sans parens et sans noms ?

» — Tout lui manque.

» — Hors l'essentiel, madame, ajouta la maréchale en faisant la révérence; un bâtard avec un million d'argent comptant, tarde peu à se procurer une famille, des amis et une patrie.

« —Voilà bien comme vous êtes, dit la marquise en affectant de la gaîté, si vous eussiez vécu au tems de Moïse, le veau d'or vous aurait compté parmi ses adorateurs.

» — En doutez-vous; à tout seigneur, tout honneur. Et un porc lui-même formé de cé beau métal..... ne m'accusez pourtant pas d'avarice, mais j'ai les mains percées.

» — Oui, en manière de tonneau des Danaïdes.

» — Marquise, vous connaissez aussi bien que moi la fable et l'histoire ; mais que comptez-vous faire de *ce seigneur suzerain de trois cent mille écus ?*

» — Un ingrat ! la chose est accomplie. Il me quitte demain et va courir le monde.

» — A la recherche de son père peut-être ?

» — Oh ! peu m'importe, il part, je ne vais pas au-delà ; mais, permettez que j'aille lui donner son audience de congé. »

Madame de Pompadour, après cette politesse d'usage, passa dans son cabinet de travail. Géréon ne l'entendit pas venir, à tel point il était occupé à contempler une gravure qui représentait Alexandrine en costume d'amour. Elle était là souriante, tandis qu'avec un de ses doigts elle éprouvait la trempe d'une flèche. L'artiste voulant plaire à madame de Pompadour, avait épuisé son talent à cette œuvre remarquable. Il s'était surpassé. La ressemblance parfaite, le moelleux de la taille, la perfection du dessin devaient plaire aux amateurs, combien plus encore ils charmaient un amant tel que Géréon. Celui-ci examinait avec toute son attention, des traits si bien exprimés et empreints profondément dans son propre cœur. Ses sentimens se peignaient sur sa physionomie, et si, jusqu'à ce moment, la marquise n'eût pas soupçonné la passion qu'il éprouvait pour sa fille, elle l'aurait devinée à la seule manière dont il examinait ce portrait. Ce que ressentit la mère d'Alexandrine fut étrange ; il y avait sans doute de la colère dans ce sentiment, et néanmoins elle éprouvait une satisfaction secrète du pouvoir de la beauté de sa fille. Mais lorsqu'elle vint à se rappeler qu'Alexandrine partageait l'amour du jeune téméraire, toute son indignation se ranima, et s'approchant de l'enthousiaste, elle posa la main sur son épaule.

« Géréon, dit-elle, avec sécheresse, vous partirez demain !

» — Non, madame, répondit-il froidement.

» — Et quel jour donc, daignerez vous commencer votre voyage ? demanda la marquise en feignant de se méprendre comme s'il ne se fût agi que d'un délai réclamé par le jeune homme.

» — Quel jour ! repartit-il, je l'ignore. Je sortirai de chez vous puisque cela vous convient, mais m'en aller, je ne le peux.

» — Et pourquoi ? dit la marquise frémissant de colère.

» — Si vous aviez voulu consentir naguère à mon envie, j'aurais exécuté le plan que je m'étais tracé, mais lorsque vous me chassez à la manière des laquais qu'on met à la porte, je dois prouver par ma conduite ultérieure à ceux qui me connaissent que c'est sans motif que je suis congédié.

» — Sans motifs, oseriez-vous le dire? répliqua madame de Pompadour en élevant la voix; oserez-vous le croire; ne suis-je point en droit de vous congédier? qui me force à garder chez moi un présomptueux, empressé à toujours me déplaire, dont l'obstination arrogante est invincible, qui n'écoute aucun avis, ne respecte rien, qui mérite les reproches les plus amers et le châtiment le plus terrible?

» — Moi? Madame.

» — Oui, vous!

» — Quel est mon crime? est-ce de n'avoir voulu porter d'autre joug que celui de l'amitié, de m'être refusé à ployer en esclave, sous le pied dont on prétend écraser mon front; ai-je jamais rien refusé à la prière, au désir exprimé devant moi ? mais, quand avec des formes impérieuses, on me disait drôle, marche, je me retirais dans ma juste fierté. Si ce sont là des crimes je m'avoue coupable. Il eût été facile de me conserver innocent.

» — Je ne daignerai pas entrer en discussion avec toi, répondit la marquise en revenant à la familiarité par excès de mécontentement, ni soulever le voile dont tu recouvres ton ingratitude ; qu'il te suffise de savoir que je ne suis la dupe ni de l'amour-propre impertinent, ni de l'hypocrisie. Tu sais de quoi tu t'es rendu principalement coupable, cela me suffit pour qu'en toi ma rigueur soit justifiée. Ecoute, Géréon, et pèse bien mes paroles, les dernières que je t'adresserai, la planche de salut que je t'offre, et malheur à toi si tu ne la saisis pas. Demain tu quitteras Versailles ; tu t'arrêteras un jour à peine à Paris. Tu partiras aussitôt pour l'Italie que tu parcoureras à volonté. Là, tu seras sous la protection spéciale des ambassadeurs français ; je m'engage à ce qu'elle ne te manque pas ; mais si tu persistes à lutter contre moi, le combat sera bientôt terminé et ton voyage non prolongé au-delà des tours de la Bastille ; choisis maintenant ; mais choisis bien, car dans l'un ou l'autre parti que tu accepteras, je ne manquerai à aucune de mes promesses. »

Le début du discours de la marquise avait d'abord frappé Géréon droit au cœur. Cette manière mystérieuse de l'accuser lui était claire, et cependant il voulait en douter encore ; il ne le put plus, lorsque, continuant, elle lui eût offert une double alternative, l'exil ou la prison qui, par sa rigueur, annonçait combien la favorite était irritée ; il eut un instant, ce téméraire jeune homme, la frénésie de se révolter ouvertement contre un pouvoir irrésistible, mais une réflexion prompte lui en démontra la folie, et, à son tour déterminé à ne céder qu'après avoir tenté de saisir la victoire, il répondit :

« Je céderai Madame, ma vue vous est importune, je vous en débarrasserai; je suis venu je ne sais d'où, vous me rejetez dans la solitude du monde, soit : vos désirs seront satisfaits. Demain vous ne me verrez plus. Le reste me regarde; mais, ajouta-t-il, en rougissant malgré les efforts qu'il faisait pour se maintenir impassible, me permettrez-vous de faire mes adieux à votre fille; elle a toujours eu pour moi de l'amitié; notre enfance a été si douce !...

» — Non ! vous ne la verrez pas.

» — Adieu, Madame, dit Géréon en dévorant ses larmes, je vous remercie de l'hospitalité que vous m'avez accordée; vous n'avez pas voulu qu'elle m'inspirât les sentimens d'un fils. »

Et en achevant de prononcer ces dernières paroles, Géréon sortit aussi impétueusement qu'il était entré ; la marquise demeura immobile, préoccupée, et le suivit du regard ; puis s'écria :

» Quelle tête ! »

Il aurait mieux valu dire quel cœur !

CHAPITRE II.

Lorsque Rome brûlait, Néron chantait les plaisirs sur sa lyre.

Voltaire, *Correspondance.*

L'amour et la jeunesse ont la même imprudence, et quand ils ferment les yeux, ils s'imaginent que tous les autres sont aveugles comme eux.

Recueil de maximes.

SUPPLICE, CUISINE ET AMOUR.

Le lendemain, tandis qu'une portion de la bonne compagnie courait déjà de grand matin à la sanglante tragédie où Damiens, le régicide, jouerait le premier rôle, la marquise de Pompadour se levait fatiguée, chagrine, elle avait mal dormi, des songes pénibles ayant troublé son repos. Tant que la nuit dura, elle vit Géréon braver sa colère, et entraîner Alexandrine dans un abîme où tous les deux tombaient, et d'où le comte de Saint-

Germain les retirait défigurés horriblement. D'autrefois, Damiens, délivré de ses fers, de ses bourreaux, retournait furieux à Versailles, et plongeait un couteau acéré dans le cœur, non du roi de France, mais de la fille de la favorite. Celle-ci s'éveillait palpitante, baignée de sueur, et ne se rendormait que pour se retrouver en présence de ces funestes images.

Dès que ses femmes l'eurent habillée, elle demanda son maître-d'hôtel. Madame du Hausset lui dit que, depuis quelque tems, il était dans l'antichambre, à attendre ses ordres ; on l'appela, il vint, et à la douleur profonde qu'il laissa voir, la marquise devina que Gérçon avait obéi ; elle renvoya son cortége ordinaire, et demeurée seule avec Collin.

« Eh bien ! dit-elle, qu'est-il arrivé ?

» — Ce pauvre enfant, dès avant le jour, a pris la route de Paris, décidé de sortir de France dans le plus bref délai possible ; je lui ai voulu donner un domestique, pour le suivre, il m'a supplié de n'en rien faire ; j'ai insisté, il s'est tu, je lui ai remis mille louis, pour ses premiers besoins, et l'ai prévenu qu'à son arrivée à Turin, il trouverait des lettres de crédit, pour des sommes plus considérables. Tout cela ne l'a point occupé, il a gardé le silence, m'a embrassé en pleurant (c'était hier au soir que ceci avait lieu), et est entré dans sa chambre. Ce matin, on ne l'y a pas trouvé. Ce billet placé sur son lit, non défait, a été son adieu. »

Et Collin se détourna, pour essuyer ses larmes ; la marquise, en même tems, saisit le papier qu'il lui présentait, et mettant de l'avidité à le lire, sembla vouloir y reconnaître ce que Géréon n'y avait pas mis.

« Mon père d'adoption, je ne vous quitte
» pas ; on me chasse : je cède à la violence,
» mais en protestant contre la tyrannie : mon
» cœur est brisé... où vais-je, je n'en sais
» rien... ce serait par trop de lâcheté si je ré-
» glais mon itinéraire, sur celui tracé par un
» insupportable despotisme... Je fuis, c'est
» tout ce qu'on veut, sans doute..., je ne vous

» oublierai point...; enfant abandonné, je ren-
» tre dans le droit de ma liberté...; adieu,
» ne me faites pas chercher, on n'arriverait
» à moi qu'en m'arrachant la vie; adieu,
» adieu... Géréon. »

« Quoi! dit la marquise, avec un sourire amer, rien pour moi, l'ingrat...! »

C'est ainsi que l'égoïsme se plaint du fruit de son propre ouvrage.

» Il est parti, poursuivit-elle, et en enfant de mauvaise humeur, nous aurons de ses nouvelles, lorsqu'il aura fini son dernier écu. Allons, Collin, soyez moins triste, on dirait que vous m'avez perdue. »

Ces mots prononcés avec l'accent du reproche, intimidèrent le tuteur de Géréon, il s'excusa d'une faiblesse pardonnable, prétendit-il, à cause de la longue habitude qui le liait à cet étourdi.

« Oubliez-le, comme il le mérite; mon affection vous reste, c'est un dédommagement qui peut vous consoler. »

Ce fut avec des exclamations de surprise

et de reconnaissance que le maître-d'hôtel surmontant son chagrin, répondit à la marquise; il savait combien pour se maintenir dans sa faveur, il fallait se montrer dévoué à sa personne, et il se conforma, en cette circonstance à l'étiquette de la maison.

Ceux que la fortune élève, se plaignent lorsqu'ils sont retombés à leur premier niveau, de ce que, pendant leur puissance, la flatterie les trompait et les maintenait dans un aveuglement continuel; ils ne veulent pas se rappeler qu'eux-mêmes ont provoqué ce mensonge permanent, en exigeant, non du respect, mais de l'idolâtrie; en voulant être toujours adorés, en poursuivant de leur haine quiconque leur parlait vrai et tâchait de les retirer de cette route dans laquelle ils prétendaient se maintenir; peuvent-ils justement accuser autrui, lorsque seuls, ils ont tissé le filet dont on les a enveloppés.

La marquise, plus que tout autre aurait

pu s'appliquer la maxime d'Orosmane dans Zaïre,

<blockquote>Je me croirais haï d'être aimé faiblement.</blockquote>

Et attendu qu'elle n'aimait personne, elle était plus entière à prétendre à l'amour de chacun. Les démonstrations de Collin la contentèrent; elle lui recommanda ensuite d'attendre, pour annoncer au reste de la maison que son pupille ne reviendrait plus, quelques jours encore, et faisant cette injonction, elle portait son idée sur Alexandrine, à qui il fallait ménager l'étendue de cette nouvelle qui, peut-être, la frapperait douloureusement.

Mais, Madame de Pompadour s'y prenait trop tard; la disgrâce de Géréon était connue; déjà la femme de chambre d'Alexandrine le lui avait conté; la pauvre enfant, frappée de douleur, n'avait pu venir ce matin selon sa coutume embrasser sa mère, et celle-ci trop préoccupée, ne s'en était pas encore aperçue, mais la pensée lui en vint aux humbles excuses que Collin lui adressa relativement à un fait accompli. Les domestiques, depuis le point du jour, savaient que Géréon ne reparaîtrait plus.

« Et sans doute que ma fille sait déjà qu'elle a perdu le compagnon de son enfance...? j'aurais voulu la préparer à ce léger chagrin ; mais puis que le mal est fait, vous pouvez aller à vos affaires, mon cher Collin, poursuivit-elle. »

Le maître-d'hôtel s'éloigna, et, en même tems, Alexandrine qui sentait la nécessité de se présenter devant sa mère, entra, mais non pas avec sa gaîté accoutumée ; il était aisé de reconnaître que naguères encore elle versait des larmes, et qu'un sombre nuage couvrait son front. La marquise, à cette vue, prenant son parti.

« Te voilà bien chagrine, mon enfant, dit-elle, Géréon nous a quittés, il ne faut s'en prendre qu'à lui, qu'à ce caractère indomptable....; j'aurais souhaité qu'il ne nous délaissât jamais, il s'est opposé à mon désir, tu as raison de le regretter ; c'était ton ami.... le monde te présentera des distractions, il te reste une mère tendrement attachée à te procurer le bonheur. »

Alexandrine aurait pu répondre que ce bonheur aurait été facile à lui accorder, puisqu'il eût suffi de la présence de Géréon ; mais déjà remplie de défiance à l'égard de sa mère, et voyant avec quelle vivacité celle-ci avait congédié Géréon, Alexandrine n'eut que des larmes pour réponse ; on ne l'en gronda point, la prudence de la marquise comprenait que toute opposition à ce premier moment, serait plus pernicieuse qu'utile, et qu'il fallait laisser s'épuiser ce désespoir qui, à cet âge, dure si peu.

Alexandrine, de son côté, essaya de le vaincre, du moins en apparence. Plus l'amour prenait de la force au fond de son cœur, moins il tendait à se manifester encore. Une pudeur naturelle au jeune âge et à l'innocence, ne lui permettait pas d'éclater dans toute son énergie ; Alexandrine, d'ailleurs, ignorait ce qui s'était passé, ne pouvait croire, quoiqu'on pût lui dire, que Géréon ne reviendrait plus, et tant qu'elle conservait cette espérance, convenait-il de se désespérer entièrement ? Elle se fit la promesse que, d'aucune manière, on n'obtiendrait d'elle un acte contraire à ce qu'elle avait juré à son ami, et, plus calme, une fois cet engagement pris, avec sa propre volonté, elle essaya de sourire ; l'effort lui fut pénible, elle y parvint néanmoins, et sa mère alors pleinement trompée, s'applaudit de la manière dont elle avait dénoué une intrigue qui n'aurait été à craindre que parce qu'on aurait souffert qu'elle se développât en paix.

Le reste de la journée s'écoula tristement ; on ne s'occupait à Versailles que du supplice de Damiens ; les moindres particularités avaient été réglées avec l'exactitude d'une cérémonie de cour, et le programme des tortures relié en maroquin rouge, fut présenté au roi de France à son lever. Un autre prince que Louis XV, aurait repoussé avec indignation un pareil cadeau, mais lui, s'ennuyait tant, trouvait la vie si longue, qu'il se sentait porté de reconnaissance envers tous ceux qui cherchaient à le distraire, ne fût-ce que pour un moment ; or, les détails d'un supplice aussi atroce, avaient au moins le mérite de la nouveauté. On trouvait là comment Damiens subirait un supplément de tortures, ce qui constituerait l'acte d'amende honorable qui devait être fait, selon l'usage, à la porte de l'église de Notre-Dame, la route que le patient suivrait pour aller de la Conciergerie à la place de Grève et sans oublier le nombre de médecins chargés de constater le degré des souffrances préparatoires que Damiens pourrait supporter. La description de l'échaffaud était là aussi, et le nombre de chevaux demandés pour écarteler ce misérable ; que la main droite de celui-ci qui avait frappé le seigneur roi, serait d'abord brûlée dans un feu de souffre, avec le couteau parricide qui y serait solidement attaché, qu'en suite on le tenaillerait tant de fois aux bras, aux mamelles, aux cuisses, aux jambes et les tenailles rougies à blanc; que puis on verserait tour-à-tour dans ses blessures ouvertes, le plomb fondu, l'huile bouillante, la résine, la cire, et le souffre en liquéfaction; que, lorsque ces *préliminaires* seraient achevés, Damiens attaché par les quatre membres aux chevaux amenés à cet effet, serait écartelé, jusqu'à ce que mort s'en suivît; et qu'enfin pour terminer, ses membres détachés du tronc et celui-ci avec, seraient consumés dans un bûcher allumé tout auprès.

A voir l'attention que mit le monarque à lire ce progamme, on aurait pu croire qu'il le trouvait consigné dans une chronique du onzième siècle, et que le fait augmenté par l'imagination bizarre du moine auteur, s'était passé chez un peuple barbare; non, la chose, au contraire avait été méditée en France par des hommes éclairés et à une époque de civilisation avancée. Le roi ne se sentit point porté à user de clémence pour abréger au moins ce cérémonial atroce, il se contenta de dire :

« Il paraît qu'il en sera pour ce *monsieur*, tout comme il en a été pour Ravaillac ! »

Et ceux qui étaient là admirèrent l'érudition du roi de France. Celui-ci se mit à dire à madame de Pompadour que le tems lui serait plus agréable à passer au petit Trianon ; que, d'ailleurs, il avait médité la nuit précédente sur une façon toute nouvelle d'aprêter des pigeons au basilic, et qu'il avait de l'impatience à voir si le succès répondait à la théorie de son travail.

Louis XV possédait peu de talens, mais il se croyait cuisinier. Ce rôle bizarre en un puissant monarque, il le jouait avec plaisir. C'était communément au petit Trianon qu'il venait de faire bâtir, ou dans les petits appartemens de Versailles qu'il se livrait à sa récréation favorite ; on établissait une table, des fourneaux portatifs ; on plaçait dans des corbeilles recouvertes de taffetas rouge ou vert, la viande et les légumes ; le beurre, les autres ingrédiens étaient mis auprès de Sa Majesté, et ce soin préliminaire terminé, le roi se mettait à l'œuvre. Que Dieu eût voulu qu'il eût tenu son sceptre avec autant de succès que la casserolle, la France aurait été mieux gouvernée, et les événemens qui amenèrent la chute de la monarchie, n'auraient pas eu de cause.

L'élite de la cour, M. de Soubise, de Chauvelin, de Richelieu, de Guiche, d'Ayen, quelques autres, faisaient les aides de cuisine, préparaient les divers assaisonnemens, ou dressaient (ceci pas toujours); car Louis XV, rempli d'un véritable amour-propre de son art, tenait à présenter aux convives des mets entièrement confectionnés de sa main. On servait chaud et on mangeait vite; chaque plat obtenait un concert d'éloges que le roi recevait avec une modestie parfaite; il eût beaucoup souffert si l'appétit eût été silencieux.

Ce fut donc au petit Trianon que le roi suivi de madame de Pompadour, de Brancas, d'Esparbès et d'Amblimont, alla passer le reste de cette lugubre journée. Les dames demeurèrent dans le salon d'enbas, et tandis que Damiens subissait son horrible supplice, le roi donnait tous ses soins à bien réussir son plat de pigeons au basilic ; ce n'est pas que, de tems à autre, il ne songeât au misérable alors en proie à d'épouvantables tortures ; le duc de Richelieu s'étant approché de trop près du fourneau, une étincelle partit et le brûla sur la main.

« Oh ! dit-il, le feu est piquant !

» — Que doit-il être lorsqu'il est mêlé au plomb fondu et à l'huile bouillante comme l'éprouve maintenant *le Monsieur*? dit le roi.

» — Ah ! Sire, qu'est-ce que les tourmens qu'il a si bien mérités, répliqua le duc, auprès de ceux que l'enfer lui destine ?

» — Et s'il se repent, il ira au ciel tout droit.

» — Oh ! non ! Dieu sait ce qu'il doit au roi, et l'assassin de Votre Majesté ne peut éviter quelques millions d'années de purgatoire.

» — Je ne vous croyais pas théologien, monsieur le Duc.

» — J'ai assez de Sorbonne pour ne pas déshonorer le chapeau de cardinal, si le roi voulait que j'en couronnasse mes bâtons de maréchal de France. »

La pensée de voir le duc de Richelieu en soutane rouge et membre du sacré collége excita la gaîté du roi au point de détourner le cours de ses idées et de bannir la pensée du supplice de Damiens ; d'ailleurs les pigeons au basilic étaient prêts : on appela les dames et on se mit à table joyeusement. Le repas fut long, des chansons plaisantes furent chantées par chacun des convives, et le roi avec une voix la plus fausse du royaume, entonna son air favori, celui du *Devin du village* : *j'ai perdu mon serviteur*. Les éclats de rire se faisaient entendre au loin ; ils n'auraient pu servir d'échos aux hurlemens de Damiens. La partie de plaisir se prolongea bien au-delà de l'écartellement de ce misérable qui dura néanmoins une forte partie de la journée, et la flamme avait dévoré ses membres hideusement déchiquetés, lorsqu'à minuit la comgnie se sépara.

Madame de Pompadour ne revint pas coucher à Versailles.

L'absence de la favorite devenait le signal d'un peu de liberté accordée à tous ceux de sa maison ; dès qu'elle était partie chacun prenait sa volée, à peine s'il restait dans l'appartement les domestiques chargés d'en répondre. Ceux-ci même, les portes une fois fermées, s'étaient retirés soit dans leur chambre, soit aux communs et ne s'occupaient guères plus de ce qui était néanmoins confié à leur surveillance.

Alexandrine, en ces momens, subissait la destinée de tous les objets précieux appartenant à sa mère; on la laissait complètement seule, sa gouvernante comme les autres ; et elle était la maîtresse d'aller et de venir à volonté. Accoutumée, dès son enfance à ses manières, elle ne s'en plaignait jamais à sa mère, et, loin de là, trouvait aussi du plaisir à l'indépendance de sa solitude. C'était dans des heures pareilles que son intimité avec Géréon avait pris de l'accroissement ; car lui, loin de la quitter, demeurait auprès d'elle, cherchant à la faire divertir lorsque chacun l'abandonnait ; il aurait pu abuser de tant de facilité pour corrompre le cœur de cette jeune personne lorsque tous les deux avaient grandi, mais trop délicat, trop vertueux, dans sa vivacité il ne cessa de respecter l'innocence de sa belle amie, et nul autre ne la conserva pure aussi religieusement que lui.

Le jour du supplice de Damiens, du départ de Géréon et des travaux culinaires de Louis XV, Alexandrine, vers l'après midi, se trouva dans l'isolement ordinaire quand la marquise n'était pas là pour retenir ses gens dans leurs devoirs ; madame de Villeperse, la gouvernante, prévint son élève qu'elle allait voir pendant quelques minutes la gouvernante de mademoiselle de Rohan. C'était l'avertir que son retour n'aurait pas lieu avant la nuit close. Chacune des autres femmes de service s'éclipsèrent pareillement. La livrée avait déjà disparu ; Collin qui aurait pu la retenir, venait de se mettre en route pour Paris, dans l'espérance que Géréon, en quittant Versailles, se serait rendu à l'hôtel de madame de Pompadour devenu aujourd'hui le palais de l'Élysée.

Alexandrine demeura seule ou à peu près ; les personnes qui n'abandonnèrent point l'appartement étaient d'un rang à ne paraître devant elle que par nécessité et non autrement. Désolée au plus profond de l'âme de la fuite de Géréon, nul plaisir n'aurait pu la retirer de sa mélancolie ; elle s'était refusée avec obstination à suivre sa gouvernante chez mademoiselle de Rohan, se faisant plutôt une fête du silence et de la solitude qui ne tarderaient pas à l'environner. A mesure qu'une porte était fermée à clef par celui qui s'éloignait, la jeune fille se trouvait soulagée, et quand elle eût acquis la certitude qu'elle était seule, sa poitrine respira plus librement ; alors, approchant un fauteuil de la fenêtre la plus voisine, elle essaya de se dérober à sa mélancolie en attachant ses regards sur les jardins de Versailles et sur le tableau mouvant qui ne cessait de l'animer.

Son cœur, loin de prendre le moindre intérêt à cette occupation extérieure se révolta contre, et redoublant l'activité des sensations intérieures, replongea bientôt après la fille de la marquise de Pompadour dans sa morosité précédente; beaucoup de tems s'était écoulé sans qu'elle changeât de position ou revînt à elle; plongée dans une méditation vague, qui tient le milieu entre l'existence et l'anéantissement, et si bien connue de ceux placés sous l'empire d'une peine morale, elle était devenue étrangère à tout ce qui pouvait se faire à l'entour, et si elle avait entendu ouvrir la porte de sa chambre, ce bruit avait si peu frappé son ouïe qu'il n'était pas parvenu à son entendement. Néanmoins, on marchait tout auprès d'elle, on soupira doucement... ce soupir, bien faible pourtant, eut sur elle plus d'empire que le reste; Alexandrine tressaillit, se retourna, et, se soulevant, retomba sur son siége en poussant un cri commencé au ton de l'effroi, et terminé par celui de la satisfaction la plus douce.... Géréon se trouvait devant elle; cet ami si regretté, cet amant dont elle ne cessait de déplorer la fuite inattendue, il était là à genoux, passionné, lui tendant les bras, et en même tems la suppliant de se contenir, de n'avoir point peur.

Alexandrine, dès qu'elle se fut assurée du bonheur que le ciel lui procurait, n'écoutant pas d'ailleurs les bienséances de notre sexe qui, à son âge, ont si peu de force, s'élança dans les bras qui s'ouvraient pour la recevoir, et des baisers, donnés et reçus, se confondirent avec les larmes que ses yeux versaient encore.

« Est-ce toi, Géréon? disait-elle; toi que je peux revoir; une illusion me trompe-t-elle? oh! non, c'est une douce réalité, mais on m'a dit que tu nous avais quittés, que c'était sans retour... sans retour.... te serais-tu séparé ainsi de ton Alexandrine?

» — Chère amie, répondit le jeune homme dont la physionomie portait à la fois l'empreinte de son bonheur présent et du chagrin qui, naguères, le déchirait; il est vrai qu'on exige que je m'éloigne, qu'on m'a donné la cruelle alternative ou d'aller mourir dans l'exil, car ma mort est certaine si je ne te vois pas, ou de finir pareillement mes jours dans un cachot de la Bastille... »

Alexandrine, sans interrompre son amant, ne put néanmoins, lorsqu'elle entendit ces paroles, s'empêcher de le serrer dans ses bras avec une nouvelle vivacité; lui poursuivant :

« J'ai feint de céder à cette volonté tyrannique, de me résoudre à partir, mais partir sans te voir, sans te parler de mon amour, sans jouir au moins une fois encore de la satisfaction de t'entendre exprimer le tien; voilà ce qui eût été au-dessus de mon énergie; je voulais me retrouver encore avec toi, et, pour y parvenir, je me suis déterminé à tromper tout le monde. »

Géréon, ensuite, lui apprit qu'il s'était décidé à feindre un départ subit, mais qu'au lieu de sortir de Versailles, il avait cherché un asile dans le château même; il s'en était procuré un où il serait difficile qu'on pût le découvrir; il avait, depuis plusieurs années, trouvé dans un escalier secret conduisant de l'appartement de la marquise dans les combles, une petite pièce éclairée par une fente pratiquée adroitement derrière une des statues qui ornaient la façade, vers les jardins, et dont l'entrée était masquée par une boiserie. Il fallait que la connaissance de ce réduit se fût perdue, car il n'était pas habité, bien qu'il y eut un lit élégant, et tout ce qu'il fallait à l'usage d'une personne.

« C'est dans ce lieu, ajouta Géréon, que je me retirais chaque fois que le repos et la retraite me devenaient nécessaires. Bien souvent on me grondait de mes absences; on allait à une quête dans la ville et dans le parc, et moi, heureux de me dérober à volonté aux exigences d'autrui, je me gardai bien de révéler le secret de mon habitation mystérieuse.

C'est là où j'ai couru me cacher dès avant le jour et où je demeurerai jusqu'à ce que malheur m'arrive. »

Alexandrine, heureuse de revoir son amant, admira le bonheur de ce secours inespéré, et s'inquiéta comment il ferait pour vivre. Géréon répondit qu'un jeune domestique plus particulièrement attaché à sa personne parmi celles aux gages de la marquise, était dans sa confidence. Allin, dit-il, m'est fort dévoué; je lui ai promis, d'ailleurs, douze mille francs s'il ne me décélait pas, et il aura le soin de me fournir ma nourriture. Ceux qui me veulent du mal iront me chercher hors du royaume, et, certes, ne me soupçonneront jamais aussi près d'eux. Tu pourras venir me voir bien souvent, et, moi-même, les jours de voyage de *Madame*, et tandis qu'Allin fera le guet, je descendrai dans ta chambre comme je le fais aujourd'hui en pleine sûreté. Nous défierons ainsi ceux qui veulent nous séparer, et il y aura du bonheur dans cette vie précaire. Alexandrine, sans répondre, serra de nouveau son jeune ami dans ses bras, et tous les deux se livrèrent à un bonheur dont ils ne prévoyaient pas la fin.

CHAPITRE III.

L'orgueil est souvent le valet très-humble de l'ambition.

Recueil de Maximes.

La plus subtile des finesses est de savoir bien feindre de tomber dans les piéges qu'on vous tend, et l'on n'est jamais si aisément trompé que quand on songe à tromper les autres.

La Rochefoucault, *Réflexions morales.*

ELLES SONT DEUX CONTRE UN.

≫∗≪

L'imprudence des amans est extrême ; ils ne doutent de rien de ce qui leur plaît, demeurent persuadés que la fortune ou la Providence les soutiendront, que ce qu'ils désirent réussira, que ce qu'ils prétendent cacher demeurera inconnu à tous, et, remplis de confiance en leur bonne étoile, ils bravent la jalousie, la perspicacité, la réflexion, tout enfin de ce qui les perdra sans doute.

Alexandrine non moins que Géréon trouva

admirable cette façon de vivre. Le mystère dont l'un d'eux s'envelopperait afin de ne pas se séparer de l'autre. C'était d'ailleurs une chose facile, bien sûre. Nul ne s'aviserait de la découvrir et combien de semaines, de mois, d'années, un tel manége durerait-il? Aucun des deux ne s'en tourmenta. Il en est, en amour, de l'avenir comme du passé, ce sont deux portions de la vie dont alors on ne s'occupe guère; on ne voit que le présent, la portée de ceux qui aiment n'allant pas au-delà.

Mademoiselle d'Etioles applaudit à l'action audacieuse du jeune homme, s'engagea de nouveau envers lui à une fidélité sans bornes, et le reste de la journée s'écoula dans les délices d'une tendresse innocente. Géréon ne se troublait pas en se demandant à quoi aboutirait cette intrigue, il espérait la main d'Alexandrine d'un seul miracle, et pourtant cette hypothèse extravagante lui semblait naturelle et comme ne pouvant manquer de se réaliser un jour.

Ils ne se séparèrent qu'à la dernière extrémité; Alexandrine, pour la première fois, fit attention à ce que l'escalier qui conduisait à la cachette de Géréon s'ouvrait dans le corridor de dégagement et près de sa chambre; elle poussa l'étourderie jusqu'à vouloir accompagner le jeune homme hors de chez elle; ce qui devait les perdre les sauva. La destinée en cette circonstance fut pour eux, afin sans doute de leur rendre plus chères les rigueurs dont peut-être elle les frapperait bientôt.

Lorsqu'Alexandrine parut au lever de sa mère, celle-ci demeura frappée du changement prodigieux qui s'était opéré en elle. La veille un morne souci couvrait cette figure si naïve, si animée naturellement, des pleurs avaient plombé ses beaux yeux, et, ce matin, par un effet contraire, la sérénité brillait sur son front d'ivoire, le contentement étincelait dans son regard, et sa bouche s'ouvrait avec cette expression de bonheur et de volupté que procure le seul amour satisfait.

La marquise possédait une trop haute expérience pour ne pas trouver étrange cette résolution subite, et la cause en fut attribuée à peu près à la vérité. Ou Géréon aurait revu Alexandrine ce qui paraissait impossible, ou il aurait communiqué au moyen de quelques lettres. Qui était vrai dans cette double conjecture, il aurait fallu, pour le savoir, surprendre le secret de la jeune fille, soit par ruse, soit par une attaque directe ; et l'indécision de Madame de Pompadour sur lequel des deux moyens était préférable, l'empêcha d'en adopter aucun.

Sa curiosité fut néanmoins vivement inquiétée; que c'était-il donc passé ? était-ce un effet de la légèreté de l'âge d'Alexandrine ? oubliait-elle facilement Géréon. La chose plaisait trop pour être repoussée. L'espèce humaine a pour usage constant, et de là vient la majeure partie des fautes qu'elle commet, de vouloir ne regarder les choses que comme elle voudrait qu'elles fussent et non comme elles sont véritablement. La vie est une perpétuité d'illusions qui combattent contre le positif, de manière à ce que, par notre propre faute, il revient presque toujours à notre détriment.

En conséquence de ce principe, la marquise, après avoir réfléchi et surtout s'être interrogée soi-même, jugea simple que sa fille si désolée la veille, se fut consolée dans l'intervalle d'une seule nuit; elle s'applaudit d'une telle conduite, et ne douta pas que bientôt, et avec facilité, elle ne put amener Alexandrine à consentir au mariage qu'alors elle s'obstinait à refuser. Mais, ce mariage, comment se concluerait-il? Le duc de Richelieu avait reçu avec transport son brevet de général en chef, et sans pour cela parler du projet entamé entre lui et la marquise; fallait-il tant de délais pour communiquer à certains membres de la famille son désir d'allier son fils à la marquise de Pompadour? Ce délai par trop prolongé, ne devenait-il pas une défaite? Ce que le comte de Saint-Germain lui avait dit revenait à son esprit et l'inquiétait.

La favorite, accoutumée à ce que tout ployât devant ses fantaisies, avait horreur de la contradiction ; celle-ci serait outrageante, et certes, la supporter très-paisiblement deviendrait impossible. Il fallait sortir de cet état d'incertitude, connaître enfin la pensée réelle du maréchal, et cette fois la marquise ne voulut pas que M. de Gontaut se chargeât du message ; son habileté lui montra qu'une femme conviendrait mieux, qu'elle aurait des droits à contraindre M. de Richelieu à formuler une réponse positive qu'un homme ne possède pas. Qui enverrait-elle en ambassade ? la duchesse de Brancas, elle était trop sévère ; la maréchale de Luxembourg ? elle ne possédait pas, à cette époque la considération qu'elle obtint depuis. La comtesse d'Amblimont ? elle était trop jeune ; madame d'Esparbès ? trop jolie ; et, d'ailleurs, déjà un instinct secret éloignait de celle-là madame de Pompadour, qui, souvent, s'inquiétait du plaisir que le roi mettait à la regarder ; le choix ainsi promené sur toutes les femmes de la société intime, se reposa enfin sur la maréchale de Mirepoix. Elle possédait autant d'esprit que de manége, était rompue aux intrigues du château, et avait, depuis long-tems, pardonné au duc de Richelieu la mort de son premier mari, le prince de Lixen, que celui-là avait tué en combat singulier il y avait nombre d'années. Cependant, le duc n'allait pas chez madame de Mirepoix en intimité, mais il ne se refusait pas d'y paraître s'il y était appelé par missive expresse, et certes, madame de Mirepoix quoique l'ayant admis en grâce, ainsi que je l'ai dit, ne serait pas fâchée pareillement de la charge d'une mission que madame de Pompadour s'avouait tout bas pouvoir ne pas être très-agréable à ce fier seigneur.

En conséquence de cette détermination, elle envoya prier la maréchale de Mirepoix de venir la trouver le plus tôt possible, prétextant d'un cas subit d'indisposition pour se justifier d'aller elle-même chez cette dame, au lieu de la mander familièrement. La maréchale de Mirepoix ne se tourmentait guère au fond de ces formes de hauteur, et un jour que le prince de Beauveau son frère, lui faisait des représentations sur l'excès de ses complaisances envers la favorite, elle lui répartit.

« Ce que je perds en dignité, je le regagne en beaux louis de poids, la compensation me paraît solidement établie. »

La maréchale accourut au désir manifesté de son *exellente amie*, toutes les deux s'enfermèrent au plus profond de l'appartement; madame de Pompadour raconta à madame de Mirepoix tout ce qui s'était passé, relativement au mariage projeté, et qu'elle pouvait ignorer, et lui demanda de presser là-dessus le duc de Richelieu, de telle sorte qu'il eût à fixer le jour de la passation du contrat ou à rompre, si toutefois il voulait en courir les chances.

Rien ne pouvait être plus agréable à l'ambassadrice choisie qu'une pareille négociation, à part le déplaisir qu'en aurait le duc et dont elle jouirait, il en résulterait nécessairement une nouvelle abondance de faveurs et de grâces royales à tel point la marquise avait l'usage de faire payer par l'État ce qui ressortait de ses dépenses particulières. Madame de Mirepoix accepta avec transport, et promit que, dès le jour suivant, elle apporterait une réponse positive.

C'est un plaisir, sans doute, à la cour, que de réussir dans ce qu'on désire; mais c'est toujours un bonheur en ce lieu que de contribuer à faire de la peine à ceux qu'on n'aime pas. L'activité vers ce double but est exessive, et on s'y porte avec tant d'âpreté qu'on ne peut le concevoir lorsqu'on n'est pas un des habitués de cette maison.

La maréchale de Mirepoix ne pouvait trouver mieux, pour contrarier un homme qui l'avait privée de son premier mari. Aussi saisit-elle l'occasion aux cheveux, elle ne crut pas devoir écrire. Un billet de sa main aurait pu la compromettre un jour, mais elle dépêcha son écuyer vers le vainqueur de Mahon avec l'ordre de le prier de venir la voir dans la journée, attendu l'urgence du cas dont elle avait à lui parler.

Un rendez-vous avec madame de Mirepoix, quel qu'en fut le motif, parut piquant au duc de Richelieu, il y avait d'ailleurs, à cette époque, de telles règles d'urbanité, si strictement observées, que, quelle fut l'arrogance, l'impertinence de ce seigneur, il n'aurait pas osé refuser de répondre par la désobéissance à ce que lui demandait une femme du rang de madame de Mirepoix.

La génération actuelle si impolie, pour ne pas dire grossière, aura de la difficulté à comprendre qu'il y eut alors un joug irrésistible autre que celui de l'intérêt, qui obligeât des égards de pure convenance sans qu'aucun gain fût au bout. Il en est aujourd'hui de la politesse comme de tout autre moyen de faire fortune, on ne l'emploie qu'en forme de spéculations envers ceux dont on attend quelque chose; on la refuse net à qui ne nous rapportera rien; on passe, on s'assied aux près d'une femme sans aucun hommage, sans aucuns égards muets dus à son sexe : si elle est jeune on la lorgne ; est-elle vieille, on la tourne en ridicule, et ceci sans aucun remords, sans aucun embarras. Il y a quelques exceptions, mais rares : tout ce qui ne procure aucun avantage, est dédaigné par le jeune France ; c'est à nous autres à nous accommoder à ces formes ; peut-être aurions-nous pu empêcher qu'elles ne s'établissent ; mais, je dois en convenir, nous avons eu tort. Les hommes sont en général ce que les femmes veulent qu'ils soient ; ne nous plaignons-donc pas de ce qu'ils sont.

Madame de Mirepoix instruite, par son écuyer de l'heure à laquelle le maréchal de Richelieu viendrait, fit fermer la porte à tout autre, afin d'avoir le loisir de le recevoir sans être dérangée. Il ne manqua pas. Le feu roi Louis XVIII a dit avec autant de bonheur que d'esprit, que l'exactitude est la politesse des rois ; elle devrait l'être de tout le monde, et, à part l'inconvenance si commune de ne pas répondre à une lettre qu'on nous écrit, celle de retarder un rendez-vous, de l'ajourner, de sauter par dessus, est encore si ordinaire que, lorsqu'on s'en plaint, on a l'air d'être exigeant.

Le duc en entrant, et après avoir salué profondément la maréchale, prit sa main, la baisa avec respect, et se mit à dire.

« J'ai eu, Madame, une vive satisfaction à recevoir votre message. Depuis long-tems je souhaitais une explication sur un bien triste cas....

» — Monsieur le Maréchal, nous ne devons dater que de l'heure présente.

» — Je voudrais reculer pourtant, moi, au moins de près d'un demi-siècle ; cela ne me déplairait pas. Je sens le poids de mon âge ; il n'y a que les femmes qui ne vieillissent jamais..... Oh ! oui, Mesdames, vous vous conservez toujous fraîches, jolies, et si vous perdez le tems, c'est lui encore qui perd mieux son compte avec vous.

» — A vous voir, repartit Madame de

Mirepoix, on croirait que, vous aussi usez du même privilége.

» — Honorez moins des ruines, elles ne peuvent guères que rappeler des souvenirs.

» — Cependant à entendre certaines mauvaises langues.....

» — Dites bonnes, s'il vous plaît, pour peu qu'elles m'accusent de faits de galanterie ; hélas ! je cherche à me maintenir dans que j'ai été.

» — Vous allez acquérir une nouvelle moisson de gloire, et le beau commandement que vous devez à l'amitié de madame de Pompadour.....

» — Ma vie entière, répondit M. de Richelieu avec emphase, ne pourra suffire à me montrer reconnaissant.

« — Eh bien ! puisque ce noble sentiment remplit votre belle âme, repartit Madame de Mirepoix, saisissant en habile joueuse la balle qui lui était lancée, l'occasion se présente superbe de la manifester.

Où en êtes-vous du projet de mariage entre sa fille et M. le duc de Fronsac? »

A cette question inattendue, le maréchal eut à retenir un mouvement d'impatience qui lui échappait. Il savait que madame de Mirepoix devait être sa plus mortelle ennemie, il y aurait eu à lui de la folie à fournir des armes propres à le battre ; aussi répliqua-t-il spontanément.

« Je suis en règle, j'ai écrit à la Cour de Vienne et j'en attends la réponse.

» — Et si elle se retarde?

» — Un peu de patience suffira.

» — Et si elle ne vient pas..... si elle est contraire. »

» — Mon Dieu! Que vous prévenez les obstacles de loin ; je suis persuadé que l'empereur sera gracieux pour la marquise. Est-ce que l'auguste Marie Thérèse ne lui écrit pas familièrement ? Voudra-t-elle la contrarier en un point qui blesserait son cœur ? non, sans doute, un délai suffit ; voilà tout.

» — Monsieur le maréchal, souhaitez-vous que je vous parle comme amie?

» — Ah! Madame, un tel titre m'est si précieux, que, pour le mériter, ma reconnaissance serait extrême.

» — Eh! bien puisque vous m'autorisez à m'expliquer à cœur ouvert, pressez la réponse de Vienne; pressez-la vivement, adressez-vous pour l'avoir promptement au comte de Stainville si elle se retarde trop..; il serait possible...

» — Achevez, demanda le Duc.

» — Que le prince de Soubise vous enlevât le commandement que vous venez d'obtenir.

» — Ce serait un acte....

» — La volonté du roi est souveraine.

» — Qui le nie, Madame, qui ne la respecte même dans ses erreurs.

» — Ses erreurs! Monsieur, mais voilà une hérésie dans le *credo* de Versailles; l'infaillibilité du monarque est bien autrement admise en article de foi que celle du pape.

» — Et, par conséquent, celle de la marquise de Pompadour, dit M. de Richelieu en essayant un rire forcé.

» — Vous ne pouvez douter que des ennemis nombreux vous environnent ; que leur attention ne s'attache qu'à saisir vos points vulnérables ; je sais qu'ils se remuent beaucoup en ce moment, qu'ils circonviennent ma chère amie ; elle a des conseils. Les habiles gens voient de loin, et plus d'un déjà pousse la malice jusqu'à prétendre que vous avez cherché une défaite pour retarder le mariage que vous avez sollicité vous-même.. »

Un geste du maréchal de Richelieu protesta contre l'assertion de madame de Mirepoix qui continua :

« Et que vous l'avez trouvée en mettant en avant la nécessité d'obtenir l'agrément de la maison de Lorraine.

» — Voilà une abominable calomnie ! s'écria le maréchal, d'autant plus conduit à dissimuler aux yeux de madame de Mirepoix, qu'en secret il était consterné qu'on eût si bien pénétré sa pensée intime, mais ces mensonges peuvent me brouiller avec une femme que je respecte, que j'aime ; assurément j'aurai avec elle une explication sur ce point capital.. M'était-il possible de marier mon fils sans en prévenir ses parens augustes ? Qu'auriez-vous fait à ma place, madame la Maréchale ?

» — Vos ennemis diront que la noce faite, vous auriez pu la leur communiquer.

» — Un tel manque d'égards...

» — Aurait été fort agréable à la marquise.

» — Elle m'en veut donc, elle est prévenue contre moi, elle soupçonne ma sincérité ?..

» — Mon cher Duc, nous sommes à Versailles.

»—Oui, c'est un pays où on ne peut accorder à autrui ce dont on manque soi-même... : je n'applique pas ceci à la marquise, c'est une thèse générale...; mais vraiment je suis au désespoir.

» — Prouvez-le en pressant l'affaire; entendez-vous avec elle, je vous le dis...là... de bonne amitié, vous vous en trouverez mieux et le prince de Soubise n'aura pas vos restes; il est cependant un ami de cœur. »

M. de Richelieu, tourmenté par la marche que prenait cette intrigue dont il avait attendu un si bon résultat, ne songea pas à demander à madame de Mirepoix si tout ce qu'il entendait venait d'elle ou de la favorite; c'en était assez qu'il le sût pour qu'il avisât au moyen de s'en débarrasser.

Il y a des cas où il faut se décider promptement, où le succès dépend de la célérité d'une démarche. Le maréchal qui le comprit, reprenant la parole, dit que si madame de Mirepoix voulait le conduire sur-le-champ, chez la marquise de Pompadour, il s'expliquerait à l'heure même avec celle-ci. Cette proposition convenait trop à la médiatrice, puisqu'elle acheverait d'engager le duc, pour qu'elle y mît des obstacles; aussi s'empressat-elle de répondre que son plus vif désir serait de contenter M. le Maréchal.

A cette époque plusieurs courtisans des deux sexes, outre le logement qu'ils avaient, soit à Paris, soit dans la ville de Versailles, en obtenaient un dans le château; c'était une marque de faveur précieuse, dont on tirait d'autant plus de vanité qu'elle inspirait de la jalousie à ceux qui ne la partageaient pas. Le duc de Richelieu, à plusieurs titres, et principalement à celui de premier gentilhomme de la chambre, était ainsi logé. La maréchale de Mirepoix, en passe d'une intimité de longue main avec Louis XV, avait aussi sa demeure au château, non point vaste et commode, étroite au contraire, mal située, mais, n'importe, il était agréable de s'habiller à couvert pour venir faire sa cour, et lorsque la veille avait été par trop prolongée, de n'avoir qu'à monter ou descendre pour trouver un lit.

Et, ce jour là, madame de Mirepoix était dans son appartement au château ; elle eut peu à faire pour venir chez la marquise à qui, par précaution, elle dépêcha une de ses femmes pour lui annoncer qu'elle arrivait et en quelle compagnie. Aucune nouvelle ne pouvait être mieux accueillie, aussi, madame de Pompadour se débarrassa en toute hâte de deux ou trois audiences accordées à des solliciteurs, et ceci achevé, passa dans son cabinet de travail où déjà, et par les couloirs intérieurs, s'étaient rendus madame de Mirepoix et le maréchal de Richelieu. Elle les combla de marques d'amitié, s'exclama sur son bonheur de les voir tous deux ensemble, et ne négligea pas de dire au maréchal que, sans doute, il se préparait à partir bientôt.

« Ma chère amie, répondit la médiatrice, M. le Duc a grande hâte d'aller cueillir les palmes qui l'attendent, mais, avant de se mettre en route, il désirerait vous prévenir contre certains bruits répandus à son désavantage et dont je lui ai fait part, en vertu d'une magnanimité sans pareille, et dont je présume qu'il me saura gré. Je lui ai dit que les méchans (ils sont en grand nombre) l'accusaient d'avoir voulu retarder indéfiniment un mariage que lui, au contraire, brûle de conclure, et lui-même va répondre à ses détracteurs. »

Plus elle parlait, plus elle agravait la position du duc. Celui-ci, n'osant même pas se l'avouer, avait pris la résolution inébranlable (il le croyait du moins), de ne jamais consentir au mariage de son fils avec mademoiselle d'Étioles ; mais avant que de se prononcer ouvertement sur ce point, il souhaitait éluder, au moyen d'une multitude d'obstacles qui l'aideraient, par son adresse, à se les ménager, à se retirer du mauvais pas où le jetait la volonté ambitieuse de la marquise. Or, parmi ces ruses, la meilleure, certes, était celle qui aurait remis la décision de l'affaire, à la maison impériale de Lorraine. Le duc savait que l'empereur, une fois consulté, ne pourrait se déterminer à consentir, et que, d'une façon ou d'autre, il exprimerait son refus. Dès-lors, le roi de France ne voudrait pas intervenir et, en conséquence, le projet de mariage se dissiperait en fumée, sans que le duc de Richelieu parut y avoir aucune part.

C'était donc arracher l'âme à cet ambitieux, que de le contraindre à lever lui-même l'obstacle qu'une inspiration heureuse lui avait fourni; d'une autre part, irriter trop la marquise, amènerait des chances fatales au complément de sa fortune, il se sentait décliner avec rapidité dans l'opinion publique et croyait, pour se rehausser aux yeux des Français, que l'éclat d'une ou deux batailles gagnées, lui devenait indispensable. Ceci méritait d'y faire attention, et un sacrifice commandé par une circonstance impérieuse, s'il ne pouvait l'éviter, ne devait au moins arriver qu'après avoir tout tenté pour éviter ce calice. Dans cette occurence, et le propos de la maréchale de Mirepoix le poussant à bout, il se hâta de prendre la parole, de proclamer sa franchise, d'attester son envie d'en finir, et, pour cela, offrant toutes les satisfactions propres à convaincre qu'il ne jouait pas un jeu caché différent de celui public.

« Vous me charmez, repartit la favorite, vous me rappelez à une vraie affection pour vous; oui, on a voulu me prévenir contre votre astuce, on a mis en avant cette démarche dont je me plains.

» — Elle est faite par malheur, répondit le duc d'un ton plein de douleur.

» — Mais, non pas irréparable, répliqua la marquise, une voie vous est ouverte, veuillez écrire au comte de Stainville pour qu'il sollicite de leurs majestés impériales l'agrément auquel vous et moi attachons tant de prix, mettez-vous à mon bureau..., oui, sans cérémonie, les nœuds qui vont nous unir, nous en dispensent. Tracez un mot à notre ambassadeur; un courrier part ce soir, il fera diligence, et j'espère que la réponse favorable, ne tardera pas. »

Le duc pris au piége, et comprenant les conséquences de l'acte qu'on lui demandait, hésita un instant, s'il préférerait la possibilité d'une disgrâce à la certitude du déshonneur de sa maison, ce ne fut qu'un éclair, le gentilhomme s'effaça devant le courtisan qui obéit à l'invitation de la marquise; il prit une plume, et écrivit au comte de Stainville. Cette lettre, dont le souvenir ne s'effaça jamais de la mémoire du duc de Richelieu, fut une des causes principales de l'inimitié constante qui exista entre lui et ce seigneur, devenu ministre, un an après, sous le nom de duc de Choiseuil.

CHAPITRE IV.

. . . . Tripodas , vatesque Deorum.
Sors obscura tenet.

LUCAIN , *Pharsale* , chant 6.

Les oracles du Ciel ne nous montrent l'avenir qu'à travers un nuage.

A voir le règne d'un prince , on peut deviner le sort de ses successeurs.

Recueil de maximes.

LA TERRIBLE PROPHÉTIE.

« Le renard s'est laissé prendre au piége qu'il avait tendu, dit madame de Pompadour, après que le Maréchal, duc de Richelieu se fut retiré; vraiment, pensait-il qu'il tromperait toutes les femmes? Si maintenant le mariage manque, la faute ne peut venir de lui..... Quant à Marie Thérèse, non, celle-là ne m'opposera aucune résistance; ce n'est pas, lorsque déjà elle pense à unir l'une de ses filles à l'aîné des enfans de Monseigneur le dauphin, qu'elle s'attachera à empêcher que le duc de Fronsac épouse mademoiselle d'Étioles. Les souverains font bien d'autres concessions à leur désir; allons, voilà une affaire conclue, Alexandrine aura le tabouret.

La maréchale de Mirepoix aida encore à augmenter les illusions de la favorite, et trouvant l'occasion favorable pour battre le fer, car il était chaud, demanda un intérêt dans une opération de finance que madame de Pompadour ne lui refusa pas. Le Roi survint, il était retombé dans sa mélancolie ordinaire. Les plaisirs de la soirée précédente laissaient dans son cœur le vide accoutumé. Le supplice accompli de son assassin ne pouvait non plus retremper son âme affectée douloureusement de la résistance des cours souveraines. Cette lutte qui, de lui à elles, se prolongea pendant tout son règne en empoisonna la durée.

Madame de Mirepoix, habile à savoir se retirer à propos, sortit dès qu'elle eut présenté ses hommages à Louis XV, devinant qu'il souhaitait de causer sans témoins avec la marquise ; elle avait rencontré la vérité. A peine refermait-elle la porte que le Roi s'adressant à sa maîtresse :

» Avez-vous dormi? dit-il.

» — Peu, répondit-elle en souriant, mais le matin venu, j'ai été plus tranquille.

» C'est un bonheur que je vous envie, et ses traits conservèrent leur apparence morne. Lorsque j'ai été seul le même cauchemar d'avant-hier, est venu me reprendre; j'ai passé le reste de la nuit entouré de meurtriers; ma famille était là, son sang coulait...... Oh ! c'était une vision horrible.

» — Votre sensibilité excessive est la cause unique de ces rêves affreux, repartit la Marquise; vous n'avez pu vous défendre de déplorer le sort d'un monstre et, dans le sommeil, votre imagination frappée, a enfanté des chimères qui ne se réaliseront pas.

» — Il est vrai, dit le roi, que j'attribue le mécompte que j'ai éprouvé à lier parfaitement la sauce dont je vous ai régalée avec le fameux plat de pigeons au basilic, à la peine que me faisait le supplice de ce misérable.

» — Eh ! Sire, qui de nous tous ne l'a pas aperçu ! la conduite du Roi, hier, a été admirable, chacun adorait l'excellence de votre cœur, en respectant votre chagrin ; vous nous représentiez trait pour trait Henri IV.

Le Roi sourit et s'enivra de cette flatterie dégoûtante ; puis, retombant dans sa taciturnité, demeura quelque tems en silence. Madame de Pompadour, assise vis-à-vis de lui, brodait une bourse dont elle voulait faire cadeau à Sa Majesté. Parfois, relevant la tête, elle regardait son royal amant et se taisait pour ne pas lui être désagréable. Lui, enfin, sortant de sa rêverie.

« Quel jour a pris le comte de Saint-Germain pour satisfaire à votre fantaisie ....? Ne lui avez-vous pas fait part de la mienne? je serais curieux de connaître jusqu'où il porte sa science.

» — Le comte ne se soucie aucunement de montrer au roi son savoir faire, il craint...

» — Que j'aie peur de voir le diable! Ce n'est pas le diable que je souhaite qu'il appelle; il faut qu'il me fasse lire dans l'avenir de mes petits-fils; dites-le lui, et s'il recule, vous ajouterez que je le veux; oui, je le veux, entendez-vous? Je crois que le vulgaire est sans droit pour pénétrer dans les voiles de l'avenir, mais moi...!

» — Dieu doit cette connaissance à votre majesté....Le comte de Saint-Germain est un personnage bien extraordinaire.

» — C'est votre opinion, Madame.

» — Oui, sire.

» — Et ceux qui le prétendent charlatan.

» — Qu'a-t-il demandé au roi?

» — Rien!

» — Quels objets d'art ou curieux a-t-il voulu lui vendre?

» — Aucun ; il a, au contraire, rendu plus beau et d'un meilleur prix un de mes diamans ; celui dont il a enlevé la tache ; c'est un effet prodigieux de chimie .... : non, le comte de Saint-Germain ne cherche pas à tromper ; d'ailleurs, il a négocié si habilement..... »

Madame du Hausset entra dans ce moment. Le comte de Saint-Germain faisait demander si la marquise était visible.

« Parbleu ! dit le roi, il ne pouvait, ce magicien célèbre, se présenter plus à propos. Vous convient-il, Madame, qu'il vienne ?

» — Que la volonté du roi soit faite en toutes choses, dit la marquise en s'inclinant de manière à toucher, de sa figure, sur son métier. »

Madame du Hausset alla donner l'ordre aux valets de chambre. La grande porte du salon fut ouverte, le comte de Saint-Germain entra ; il était vêtu d'un habit couleur de *mouche en furie*, doublé de satin vert pomme, la culotte pareille, et la veste glacée d'or et d'argent. Les boutons, les boucles, la gance du chapeau, la poignée de l'épée étaient de diamans d'une eau et d'une netteté sans pareilles. Cette magnificence surprit à tel point le roi, qu'il dit au comte en le voyant venir à lui :

« Combien y a-t-il de siècles que vous êtes descendu le premier dans les mines de Golconde ?

» — Je prends le tems comme il vient, répondit de Saint-Germain, et ce que j'oublie le plus facilement, c'est la durée. Cent ans sont pour moi la semaine dernière. Qu'est-ce en effet qu'un nombre d'années devant le grand cercle de l'éternité ?

» — Monsieur, je vous parlais d'un fait positif, et vous répondez par de la haute philosophie... Vos diamans sont admirables.

» — Je les choisis de mon mieux.

» — A voir la profusion et la beauté de ceux qui vous parent, dit la marquise, on dirait que vous les composez à votre fantaisie.

» — C'est là, reprit le comte, le résultat de mes études en science naturelle. Le diamant peut être rendu malléable à volonté.

» — Vous pourriez, dit le roi, en inonder le monde.

» — Je leur enlèverais toute leur valeur, et, au lieu d'y trouver mon profit, je m'y ruinerais avec beaucoup d'autres.

» — M. de Saint-Germain, repartit le roi, est-ce là à quoi se borne votre savoir ? Ne possédez-vous pas des connaissances plus étendues et plus relevées ? »

Saint-Germain parut embarrassé, et dans sa réponse qu'il bégaya, plutôt que de prononcer nettement, il chercha de faire entendre au roi qu'il ne se souciait pas de traiter cette matière ; mais ce prince, une fois lancé, ne crut point devoir s'arrêter en chemin, et, malgré la répugnance qui lui était manifestée, reprenant la parole, dit :

« Feriez-vous moins pour moi que pour ceux de mes courtisans en qui vous avez eu de la confiance ? Si les sciences occultes vous sont familières, si vous en avez dévoilé à d'autres une partie, j'aurais à me plaindre si vous montriez plus de réserve à mon égard.

» — La volonté du roi est absolue, dit le thaumaturge sans cacher son chagrin, mon devoir est de lui obéir, sans doute ; il est vrai que de profondes recherches, que des études opiniâtres m'ont conduit loin, et que je puis contenter les désirs de ceux que dévore la fantaisie d'être temoin de scènes extraordidaires ; mais, par une fatalité attachée à ces sortes de lumières, ceux qu'elles éclairent en retirent toujours du désagrément ou des soucis amers. L'être suprême, qui s'est réservé l'avenir, souffre avec impatience que des mortels y pénètrent comme lui... Sire, poursuivit le comte en prenant une attitude imposante, je peux complaire à Votre Majesté, mais je la conjure de ne pas m'imposer cette loi.

» — Tout cela est bel et bon, repartit Louis XV, mais vous éludez au lieu de me satisfaire, et il faut me contenter.

» — Je cède au roi, mais j'ai besoin que le roi m'engage sa parole sacrée, que de tout ce qu'il verra, que de ces choses qui échapperont à ma bouche, il n'en fera envers moi ni sujet de défaveur, ni reproches d'avoir mis au jour de sinistres secrets.

» — En vérité, dit la marquise, à vous entendre, M. le Comte, on croirait que vous n'auriez à dire au roi que des choses désagréables.

» — Je prends mes précautions, Madame, et avec d'autant plus de nécessité, que maintenant j'ignore tout ce qui est en avant de ce jour; mais mon expérience me fait craindre que les époques à naître ne soient pas aussi heureuses que celle où nous sommes, et, ce qu'à l'être suprême ne plaise, si l'avenir réserve à la France de grands malheurs, il ne serait pas juste de faire retomber sur moi le chagrin qui en résultera.

» — Soyez, sur ce point, sans inquiétude, repartit le roi; vous accuserais-je de ce que vous ne pouvez empêcher? Je m'engage, au contraire à vous mieux traiter lorsque vous m'aurez obéi, que je ne le fais maintenant. Cela vous accommode-t-il ? Et, dans ce cas, commencez, je vous prie.

» — Un accident m'a ôté ces jours derniers, dit le comte, un miroir constellé que je ne puis reproduire qu'avec beaucoup de peine ; celui-là m'en aurait épargné maintenant, et vous auriez pu lire dans cette glace véridique ce qui encore est enseveli dans les ténèbres de l'avenir ; mais, à son défaut, il est d'autres moyens... Je suis aux ordres du roi, et s'il lui plaît que je les emploie, qu'il commande.

» — Allez-vous donc faire venir le diable dans ma chambre à coucher ? demanda la marquise en riant.

» — Voilà bien les femmes, repartit le roi, elles plaisantent toujours ; ce n'est pas au diable ni à ses camarades que je veux avoir affaire ; ce serait d'ailleurs un péché, et point ne me soucie d'en prendre la charge, il s'agit... »

Le roi s'arrêta, car il comprit que toutes les précautions oratoires n'empêchaient pas que la curiosité ne fût illicite et ne lui méritât la censure de l'église; il se trouva donc très-embarrassé. Le comte, avec sa perspicacité ordinaire, reconnut ce qui se passait dans le cœur de Louis XV; il en eut pitié, mais en même tems voulut en profiter pour se retirer d'une position dont il voyait bien le péril; aussi se mit-il à dire :

« Il n'est pas question, en effet, de M. Satan, mais l'église, néanmoins, désapprouve cette recherche de l'avenir.

» — Elle en donne pourtant l'absolution, répliqua le roi, lorsqu'on la demande avec repentir; ce sera mon cas; je me repends bien sincèrement d'une faute quand elle est commise. »

Saint-Germain aurait pu riposter qu'il valait mieux l'éviter, mais son rôle n'était pas celui de directeur de cas de conscience, et comme le roi continuant, insista dans l'accomplissement de sa volonté, force fut à lui de se soumettre.

« Mais, dit la marquise, n'avez-vous besoin d'aucune préparation extraordinaire?

» — Un réchaud rempli de feu, une glace portative, un vase rempli d'eau pure, un autre où il y aura de l'esprit de vin, un ordre qui défende votre porte à tout indiscret, voilà tout.

La marquise sonna; on vint, elle donna les instructions en conséquence des demandes du comte; tandis qu'elle parlait, le roi, à voix basse, s'adressant à celui-ci :

« Est-ce sans danger... pour une femme...? madame de Pompadour peut avoir peur.

» — Cela regarde sa bravoure, répondit le thaumaturge.

» — Et qu'allez-vous nous montrer?

» — Rien, sire, je craindrais d'évoquer du séjour des morts les ombres de vos augustes prédécesseurs.

» — Ne sont-ils pas tous déjà au ciel? repartit Louis XV avec une anxiété visible, et déjà mêlée d'un peu de mauvaise humeur. Est-ce que tous les rois de France ne sont pas sauvés ? Un de damné, cela me semble impossible.

» — Ils ont été hommes, répliqua le comte, et à ce titre...

» — Oui, mais leur rang, leur descendance directe avec Saint-Louis, leurs bonnes œuvres, le clergé nombreux priant sans cesse pour eux, ainsi que la piété de tant de fidèles; enfin l'absolution qu'on leur donne, chaque fois qu'ils la réclament; tout cela ne milite-il pas victorieusement pour eux ?

» — Des réponses à de pareils argumens sont du ressort d'un théologien.

» — Le cas pourtant est clair, dit le roi devenant pensif de plus en plus; certainement le duc de Bourgogne, mon père, monseigneur le Dauphin, mon aïeul, le grand Louis XIV, Louis XIII, déjà canonisé là-bas en raison de sa conduite régulière, ne sont pas damnés : Henri IV, lui-même, a eu pour lui l'aide de sa conversion qui a sauvée la France. »

On voyait que le roi en citant ces noms fameux, ne songeait qu'à lui, que c'était sa propre cause qu'il défendait. Le comte au lieu d'engager la polémique religieuse, se contenta de faire un geste d'ignorance. Cependant, ce qu'il avait voulu avoir était déjà dans la chambre, dont le roi lui-même alla soigneusement fermer les issues afin que l'inattention ne pût remplacer la désobéissance. Ces soins divers remplis, le comte invita le roi et la marquise à s'asseoir, et lui, se plaçant au milieu de la pièce, tira de sa poche un paquet de parfums et un manuscrit épais, doré sur la tranche et couvert d'une peau noire de chagrin empreinte de divers signes de haute astrologie ; il dévissa ensuite sa canne et sortit du milieu une baguette d'ébène garnie aux deux extrémités d'un mélange de ce qu'alors on appelait les sept métaux. Les assistans l'examinaient faire avec une curiosité saturée d'inquiétude. La marquise, quoique femme forte et philosophe, déguisait mal sa terreur; le roi montrait plus de fermeté. Quant au comte, il lisait tour à tour dans le manuscrit, ou prononçait à haute voix des mots barbares et inintelligibles; cette cérémonie préparatoire dura un quart d'heure sans que ceux présens lui adressassent la moindre question. Il alluma l'esprit de vin, brûla des parfums, se remit à pérorer en plaçant la glace de manière à ce que tournant le dos au roi elle se réfléchît sur la muraille opposée, puis il s'arrêta tout à coup et regardant Louis XV avec des yeux remplis de trouble.

« Continuerai-je, Sire ? Votre Majesté a-t-elle bien pesé toutes les chances d'une révélation intempestive.

» — Poursuivez, Monsieur.

» — J'obéirai.... Mais que le roi calcule les suites.. »

Un signe du souverain arrêta dans la bouche de l'inspiré la fin de cette phrase, il se remit à l'œuvre..; en cet instant les bougies qui éclairaient la chambre, s'affaiblirent sans qu'on y touchât et ne brillèrent plus que d'une clarté douteuse. Une sorte de vapeur épaisse s'éleva du réchaud, non perpendiculairement, selon la règle commune de l'ascension des corps, mais en ligne oblique, elle alla s'attacher à la muraille où elle se condensa comme si elle eût pris de la consistance, et, sur sa surface plate, apparut une ombre qu'on reconnut provenir du miroir où elle se réverbérait. Cette ombre portait une mante royale ornée de fleurs de lis et de dauphins; mais au lieu d'avoir sur sa tête une couronne fermée, elle en avait une de cyprès.., son apparition fut rapide, elle s'évanouit presqu'aussitôt qu'elle se fût fait voir.

La marquise devinant ce que signifiait ce présage, baissa la tête en la retournant, afin que sa joie ne fut pas divulguée. L'héritier de Louis XV lui était odieux et ce qu'elle redoutait le plus serait de passer un jour sous son règne. Quant au monarque, il tint cet étrange propos.

« Oui, fils de roi, père de roi, jamais roi, c'est la règle; elle est bien bizarre !

Ni le comte ni la marquise ne relevèrent une telle phrase. L'opération continua : trois figures parurent en se tenant les mains, chacune vêtue de noir et le front ceint de la même couronne, leur âge paraissait à peu près égal et des taches de sang couvraient leur habit.

« Voilà trois rois, dit Louis XV ; qui sont ils ? quelle sera leur destinée ?

» — Vous le voyez ; Sire, ils règneront.

» — Oui, mais de quelle manière ?

» — N'insistez pas pour le savoir, répondit le comte d'une voix sourde.

» — Plus vous piquez ma curiosité, plus vous faites des façons pour la satisfaire. Je ne suis pas un enfant; on peut tout me dire; quoi qu'il arrive j'y suis préparé. Au train, où vont les choses, je devine qu'une révolution est inévitable ; que moi, ou mes successeurs n'y échapperont pas, ce sera leur affaire ; je suis certain que, de mon vivant, elle ne surgira pas. Parlez donc, Monsieur, apprenez-moi ce que cette vision n'a pu me montrer.

» — Vous l'ordonnez impérieusement. C'est donc la volonté sacrée du roi ?

» — Oui, monsieur, et qui ne vous traitera jamais plus mal qu'aujourd'hui, quoique vous ayez à lui apprendre.

» — Vous l'entendez, madame la marquise, repartit Saint-Germain ; vous serez le témoin comment ce que je vais confier au roi, sera le résultat d'un acte de soumission...

» — Allons, Monsieur, tant de préliminaires sont inutiles, dites franchement ce que vous savez.

» — Eh ! bien, répondit le comte de Saint Germain, avec une expression sourde et fortement accentuée, votre Majesté aura trois petits-fils au moment où elle ira subir le jugement de la providence...admettez que Charles Ier d'Angleterre était l'aîné de ses deux enfans.

Madame de Pompadour, à ces paroles épouvantables, se leva précipitamment et

poussant un cri d'horreur, alla vers le comte, et le saisissant par le bras :

« Vous êtes fou, dit-elle.

Le roi ne fit qu'un geste de colère et couvrit aussitôt son visage de ses mains. M. de Saint-Germain, alors, se retournant vers la marquise.

» — Le roi l'a voulu, j'ai tout tenté pour qu'il retirât son ordre. »

Il n'ajouta plus rien et chacun de ceux qui étaient là, demeurèrent plongés pendant plusieurs minutes dans un silence absolu. Il était pénible, tous le sentaient ; nul ne voulait le rompre. Louis XV enfin se levant à son tour, dit à M. de Saint-Germain.

« Vous avez fait votre devoir.. j'aurais dû ne pas exiger l'impossible ; je sais d'ailleurs combien est vaine cette science qui repose sur des évocations.. . Monsieur, ce que tous trois avons de mieux à faire, c'est d'oublier ce qui vient d'avoir lieu.., veuillez faire retirer tout cet attirail, sa vue me déplaît. »

Le désir du roi fut bientôt satisfait, puis, il ajouta à ce qu'il venait de dire :

« — Je crois qu'une partie de Cavagnol nous récréerait, n'y a-t-il dans le salon personne qui attende ? »

La Marquise ordinairement si digne, oublia cette fois sa vanité, et alla de sa propre personne jusquà la porte qu'elle ouvrit. Les ducs de Richelieu et d'Ayen, le marquis de Chauvelin, et le comte de Brionne étaient là; il y avait pareillement la comtesse de Marsan et madame de Brionne, la duchesse de Brancas, mesdames d'Amblimont et d'Esparbès, la maréchale de Mirepoix qui revenait en ce moment accompagnée de l'abbé de Bernis et du marquis de Marigny. C'était presque le grand complet de la société intime, moins toutefois les princes de Beauveau et de Soubise qui n'arrivèrent que plus tard.

La vue de cette société choisie charma le roi, la conversation devint générale, tandis qu'on préparait la table de cavagnol dans le salon, la marquise s'approcha de Saint-Germain, et le prenant à part, l'attira dans une embrasure de croisée :

« Vous avez aujourd'hui perdu complètement la tête.

» — J'ai dit la vérité.

» — Il fallait la taire.

» — Alors pourquoi vouloir...

» — On ne montre aux rois que ce qui peut leur être agréable.

» — Oui, à Versailles, mais dans l'autre monde !

» — Parlez-vous sérieusement ? Est-ce autre chose qu'une habileté de physique ? Serions-nous menacés d'une révolution tellement épouvantable, que toutes les abominations de l'Angleterre seraient renouvelées..? Vous avez parlé de Charles Ier.. c'est affreux.

» — Lorsqu'on voudra s'amuser, je ne serai pas votre homme.

» — Qui êtes-vous donc ?

» — Je ne le sais.

» — Le roi sera mourant de tout ceci, l'affaire de Damiens, la querelle des parlemens..

Vous croyez donc que son fils ne lui succédera pas?

» — Non, Madame.

» — Périra-t-il bientôt.

» — Oui !

» — Et comment? dit la marquise d'une voix si basse qu'à peine le son monta à l'oreille du comte qui répliqua de la même manière.

» — Il sera empoisonné, lui et d'autres avec.

» — Juste ciel ! vous êtes tout-à-fait hors du chemin de la sagesse; pouvez-vous annoncer de tels crimes !... je suis palpitante d'effroi.

» — Ces crimes seront commis par des étrangers... il faut que les destins s'accomplissent.

» — Mais que se passe-t-il donc dans ce conciliabule? dit le roi, en venant à la marquise et au comte. »

La première répliqua :

« M. de Saint-Germain me parlait de la

gloire qui accompagnera les longues années du règne de Votre Majesté.

» — Monsieur, dit Louis XV, les parlemens feront la révolution ; je me suis toujours méfié de ces robes noires, et si je trouvais autour de moi les secours que l'on me doit, je bouleverserais, en la renversant, cette odieuse magistrature.

» — Le roi est le maître, répondit la favorite.

» — Oh ! le maître !... on me le dit... la résistance de tous me prouve le contraire.. ; c'est le sultan de Constantinople qui l'est véritablement.

» — Le roi sait que dans ce pays, les têtes tombent si vîte.

» — Je n'aime pas le sang, et néanmoins, on ne se soutient que par la force. La justice porte une épée, et elle ne se sert guères que de ses balances, elle a tort.

CHAPITRE V.

.... *Gravia quisquis vulnera*
Patiente et æquo immotus animo pertulit.
Referre potuit.......

SÉNÈQUE, Médée., acta II, scènc 8.

Celui qui a pu endurer un affront et dissimuler son ressentiment, a bien pu aussi en tirer vengeance.

— Elle aimerait mieux la mort de ceux qu'elle chérit que son ambition mécontentée.

APPIEN.

LE COUP DE FOUDRE.

Plusieurs jours s'écoulèrent; madame de Pompadour les comptait avec impatience, attendant la venue du courrier qu'elle-même avait dépêché à Vienne au comte de Stainville et porteur de la lettre du duc de Richelieu. Les dépêches qu'elle avait jointes à celle-là, devaient hâter la réponse de la cour impériale, qui serait favorable, à moins qu'on ne parvînt à la rendre humiliante par le secours de ces intrigues souterraines.

Pendant ce tems, Alexandrine était rentrée dans son état ordinaire ; son chagrin du départ de Géréon avait complètement disparu, à la haute satisfaction de la marquise ; celle-ci, s'applaudissant de la mesure qui avait rompu d'abord une amitié dont les suites étaient à craindre ; elle avait voulu connaître vers quel lieu le jeune homme s'était dirigé ; les recherches actives de la police ne parvenaient pas à percer ce mystère, et, pour la première fois, madame de Pompadour n'était pas servie selon son désir. Sa fille gardait une retraite profonde, ne sortait presque plus de sa chambre que pour monter sur les combles du château où elle aimait à respirer l'air. Ce plaisir innocent ne lui fut pas interdit, et quoique sa gouvernante ou une de ses femmes dût toujours l'accompagner, il y avait nombre de fois où elle allait seule, et comme sa route était de passer devant la retraite de Géréon un signal avertissait celui-ci, et ils trouvaient plusieurs occasions pour se voir et s'entretenir de leur amour.

Il y a dans ce monde des circonstances bizarres, de ces rencontres fortuites qui déconcertent notre prudence et que tout ce qu'elle pourrait imaginer ne saurait prévoir. Un cas de ce genre arriva dans le château de Versailles; les suites en furent terribles, on va le voir.

Madame de Pompadour venait de partir pour Trianon où le Roi passait la journée; on savait qu'elle ne reviendrait pas avant minuit. Madame du Hausset l'avait suivie. Collin s'était rendu à Paris pour y traiter d'une affaire importante que sa maîtresse lui recommandait, et la gouvernante de mademoiselle d'Etioles, retenue par maladie dans sa chambre à l'hôtel de la marquise, ne pouvait veiller sur son élève; celle-ci avait auprès d'elle une fille de service dont il lui fut facile de se débarrasser, et qui accepta avec joie la permission d'aller courir dans le château avec plusieurs créatures de ses amies.

Alexandrine, demeurée seule, alla rapidement vers l'escalier dérobé, et ayant fait le signal convenu vit venir à elle Géréon. Le lieu était commode; ils ne le quittèrent pas, et, s'asseyant sur une marche, entamèrent une de ces conversations d'amour qui ont tant de charme lorsque l'on aime bien. Le tems s'écoulait avec sa rapidité accoutumée; ni Alexandrine, ni son amant ne s'en occupaient; tout entier chacun au bonheur d'être ensemble, ils ne voyaient qu'eux réciproquement et n'entendaient que le son de leur voix.

Madame de Pompadour arrivait à peine à Trianon, lorsque le Roi se sentit légèrement incommodé; elle, aussitôt, lui conseilla de retourner à Versailles et le devança sans attendre madame du Hausset en pleine promenade dans les bosquets du parc. La marquise, en rentrant chez elle, fut surprise étrangement de voir le lieu abandonné de tous les gardiens à part le valet de service à la première antichambre; elle avança dans l'intérieur sans rencontrer aucun de ses gens, hommes et femmes, chacun était sorti comptant sur la prolongation de son absence ; n'en voyant aucun, elle poussa jusqu'à la chambre d'Alexandrine qu'elle trouva vide, ce qui la surprit.

Elle songea alors que l'escalier dérobé conduisait directement chez la maréchale de Mirepoix, et que, peut-être, sa fille s'ennuyant de la solitude aurait été visiter cette dame ainsi que souvent elle le faisait. La marquise fut confirmée dans cette conjecture, lorsqu'elle eût vu toute ouverte la porte de l'escalier ; se déterminant à suivre la route que sa fille devait avoir prise, elle monta rapidement, et, au second détour, elle vit face à face d'elle Alexandrine mollement soutenue dans les bras de Géréon.

Un pareil tableau lui parut d'abord une illusion désagréable : mais non, c'était la réalité. Mademoiselle d'Étioles était bien là, seule avec ce jeune téméraire, ce personnage si odieux à la marquise, et n'aurait-il pas abusé..... un triple cri échappa aux acteurs de cette rencontre funeste. Alexandrine écrasée par son effroi, essayant de se lever, chancela et tomba sur les degrés avec tant de malheur qu'elle se frappa à la figure, et le sang aussitôt jaillit de sa bouche et de son nez.

A cette vue, tout autre sentiment que celui de la tendresse maternelle disparut momentanément du cœur de madame de Pompadour qui dit avec une douloureuse anxiété :

« — Ma fille est morte ! »

» — Que Dieu nous en préserve, repartit Géréon, car elle ne tarderait pas à être accompagnée de moi au moins ; mais il lui faut des secours.

Sans s'embarrasser des suites de sa démarche, Géréon saisit dans ses bras mademoiselle d'Étioles, la descendit dans l'appartement de la marquise et s'élançant vers les galeries voisines appela du secours ; il en vint aussitôt.

Pendant ce tems, madame de Pompadour, pâle, tremblante, dévorée de colère, et de crainte, et qui avait suivi Géréon et son fardeau précieux, s'était précipitée sur sa fille évanouie, et avec un mouchoir étanchait le sang qui coulait avec abondance : son cœur frémissait de tendresse et de fureur ; il envisageait tout ce qui avait pu se passer entre Alexandrine et le jeune homme, avec des transports de rage qui le mettait hors de lui. La marquise tremblait pour la vie et pour l'honneur de sa fille : elle aurait voulu anéantir soudainement le coupable Géréon, et quand elle relevait la tête c'était pour lui lancer des éclairs terribles partant de ses yeux allumés.

Géréon, au lieu de ressentir le moindre effroi, au lieu de chercher le salut dans la fuite, restait devant la marquise, non moins agité qu'elle, mais tout entier au désespoir que lui occasionait l'état présent d'Alexandrine ; il savait que son existence tenait à celle de sa jeune amie ; et pouvait-il, quand celle-la était menacée, songer à sa propre sûreté. Les regards foudroyans de madame de Pompadour glissaient sur son âme, et bien qu'il prévît le sort qu'elle lui réservait, il en conservait une insouciance amère; avait-il besoin de liberté et de vie, dès qu'Alexandrine lui serait enlevée sans retour ?

Mademoiselle d'Étioles frappée plus encore par la présence inopinée de sa mère, que par la violence du coup qu'elle s'était donné, ne reprenait pas encore sa connaissance; la prolongation de cet évanouissement, l'hémorragie qui ne s'arrêtait point, firent fléchir au moins pour un instant le courroux de la marquise. La prudence lui inspira combien un éclat deviendrait dangereux, combien la réputation d'Alexandrine en serait entachée; et l'amour maternel cédant à ce besoin impérieux de dérober à tous la conduite étourdie d'Alexandrine, lui dicta celle qu'il fallait tenir maintenant.

Au bruit de l'incident survenu à mademoiselle d'Étioles, beaucoup de monde était accouru ; madame du Hausset revenant de

Trianon à la suite de sa maîtresse entra en même tems que le médecin Quesnay, que l'on avait envoyé quérir en toute hâte. Les gens de la marquise qui s'étaient dispersés, reparurent aussi; et tous au milieu du trouble que leur inspirait un tel événement, témoignaient aussi leur surprise de revoir Géréon qu'on croyait en voyage au fond de l'Italie. C'était ainsi que son absence avait été expliquée par les soins de Collin, d'après le commandement de la marquise.

Celle-ci devina plutôt qu'elle n'aperçut cet étonnement : il fallait le distraire avant qu'il se tournât en conjectures flétrissantes; et bien que son âme éprouvât certes ses angoisses, et le besoin de la vengeance, la marquise se condamna au supplice de feindre, et, s'adressant à madame du Hausset d'une voix assez haute pour que chacun pût l'entendre.

« Le pauvre Géréon, dit-elle, arrive dans un mauvais moment de la mission que le roi lui a confiée, et dont il s'est acquitté avec une intelligence supérieure à son âge. »

Ce propos parut naturel aux assistans qui n'avaient aucune donnée pour en reconnaître la fausseté. Géréon seul, dont la pâleur était presque cadavéreuse à tel point qu'il cédait à son ardente émotion, sentit tout à coup le feu concentré dans son cœur, monter à son visage et le colorer d'un pourpre foncé; ses yeux osaient interroger ceux de la marquise. Il n'y vit que de la douleur, toute autre sensation ennemie en ayant disparu. Il ne dit rien, et voyant que sa présence était soufferte, demeura; aussi bien aurait-il bravé la mort plutôt que de quitter Alexandrine tant qu'il n'eût pas été rassuré sur son sort.

Madame de Pompadour, achevant de se vaincre, ordonna que la chambre fût vidée, qu'il ne restât là que madame du Hausset, le docteur Quesnay, et Géréon, ajouta-t-elle; on lui obéit, puis, sous un prétexte, elle écarta sa première femme de chambre, au moment où le docteur eut annoncé qu'Alexandrine revenait à l'existence. Celle-ci, en effet, ne tarda guère à ouvrir les yeux, et aussitôt, cherchant autour d'elle avec inquiétude, dit d'une voix à peine entendue :

« Oh ! ma mère, pardonnez-lui, je suis seule coupable...

» — Voici une fille à qui le mal qu'elle s'est fait dérange la folle cervelle, repartit la marquise en s'adressant à Quesnay, puis se retournant vers Alexandrine :

» — Allons, mon enfant, reprends toute ta raison, tu es tombée au moment précis où Géréon revenait du voyage qu'il avait entrepris pour les intérêts du roi, et il est là tout tremblant : approche-toi, Géréon, qu'Alexandrine te voie.

» — Ma mère ! ma mère ! s'écria la jeune fille, en joignant les mains et sans pouvoir apprécier le sens véritable de ce qu'elle entendait, et s'abandonnant déjà à une espérance insensée.

» — Eh bien ! qu'est-ce ? ma chère enfant,

je ne te quitte pas, tu as fait une chute affreuse, tu es bouffie, fort laide, songe à te ménager, à te vaincre; de mon côté, je n'épargnerai rien pour hâter ta convalescence.

» — Ma mère..., et Alexandrine, incapable de rien ajouter à cette exclamation, se mit à répandre des larmes en abondance.

» — Je pense, docteur, que ces pleurs la soulageront.

» — Oui, Madame, une attaque de vapeurs succède à l'accident primitif. Il faut à mademoiselle, maintenant que son sang ne coule plus, un verre d'eau sucrée, saturée de fleurs d'oranger, son lit et du repos.

» — Tu entends l'ordonnance du docteur, dit la marquise à sa fille, il faut la suivre de point en point; tranquillise-toi; surtout ne te formes aucune chimère pénible. Demain, nous nous retrouverons tous en position meilleure. Quant à toi, Géréon, tu as aussi besoin de solitude et de sommeil; tu viens de loin, tu es venu vite, vas dans ta chambre à mon hôtel, elle t'a été conservée; je suis contente de toi, et le roi te donnera la récompense que tu mérites. »

Madame de Pompadour s'exprima avec tant de science, avec une telle retenue, le son de sa voix fut si affectueux, que ni le docteur, ni la première femme de chambre, qui était rentrée, ne purent soupçonner que tout l'enfer brûlait dans son cœur. Géréon lui-même, qui ne pouvait se tromper, fut sans possibilité de démêler rien des véritables intentions de la marquise. Une seule chose le frappa, c'est qu'il était rentré en grâce apparente, et que sa présence à Versailles serait soufferte. C'était au-delà de ce qu'il pouvait raisonnablement espérer.

Alexandrine, malgré la présence de sa mère, essaya de rencontrer un regard de Géréon, lorsque celui-ci se rapprocha de la chaise longue où elle était étendue. La marquise, toujours à son école, détourna la tête, et les yeux de ces jeunes amans se renouvelèrent les assurances d'un amour éternel. Géréon sortait après avoir salué en silence madame de Pompadour, lorsque celle-ci lui tendant la main :

« Mon ami, dit-elle, songe que tu as été élevé dans ma maison, et que, si quelquefois je t'ai querellé, je ne t'en veux pas moins de bien. Adieu, Géréon, à demain. Oui, demain je veux te revoir : Alexandrine aussi sera charmée de te retrouver. » Ces étranges paroles que prononçait madame de Pompadour, ajoutèrent à l'étonnement inexprimable d'Alexandrine et de Géréon. Ils ne pouvaient concevoir ni son projet, ni éclaircir le fond de sa pensée, son estime apparente, ses expressions affectueuses, le soin qu'elle prenait de justifier ce retour inopiné du jeune homme, les portaient à des conjectures sans nombre, dont aucune ne les satisfesaient néanmoins.

Alexandrine ne demandait pas mieux que de se retirer dans sa chambre; sa mère l'y accompagna, et une tendre sollicitude se joignit aux personnes de service auprès de mademoiselle d'Etioles. La veiller sans relâche, surtout ne la laisser jamais seule à cause de sa faiblesse qui pourrait la reprendre ; sa chute étant attribuée à des éblouissemens qu'elle n'avait pas. La marquise, toujours sous le prétexte que le repos de sa fille ne pût être troublé, fit fermer l'escalier et en prit la clé, et voulut que, dans les pièces voisines, des valets de pied demeurassent en sentinelle jusqu'à nouvel ordre.

Ces dispositions étaient prises, lorsque la marquise fut ramenée au salon par le concours de tous les *amis* (ils étaient en grand nombre) qui, sur le bruit répandu promptement au château de la maladie d'Alexandrine, accouraient pour en manifester leur chagrin. Chacun arrivait, exprimant du mieux possible sa *consternation*, son *chagrin du funeste événement*. Le duc de Richelieu ne manqua pas à la cérémonie, bien qu'au fond de l'âme le méchant vieillard n'eût pas été fâché que la jeune fille se fût rompu le cou ; il amenait avec lui le duc de Fronsac, et ce dernier ne se montra pas le moins alarmé de toute l'assemblée.

Le comte de Saint-Germain devait, ce même soir, retourner à Paris; instruit par la rumeur publique du fait qui attirait toute la cour chez la favorite du roi, il vint, lui aussi, dans l'appartement de la marquise, et lui fit son triste compliment.

« Comte, dit madame de Pompadour au moment où il allait prendre congé, remettez à demain votre voyage, et attendez chez vous la personne que j'enverrai vous appeler. On dira devant vos gens qu'on vient sans m'en avoir prévenue; mais que je suis si inquiète sur l'état de ma fille que vous devez me rassurer. »

M. de Saint-Germain s'inclina et quitta le salon peu après. Le roi envoya à diverses reprises savoir des nouvelles d'Alexandrine, et ceci frappa d'autant plus la marquise et ses amis, que lui-même, en cet instant, était incommodé. Madame de Pompadour impatiente de se débarrasser de cette foule qui l'obsédait, lorsqu'elle aurait voulu se recueillir, la congédia bien avant l'heure accoutumée, sous le prétexte plausible qu'elle avait à aller voir le roi.

Ce fut en effet sa première course. Là eut lieu la scène accoutumée d'effusion, tendre de sa part, d'égoïsme consommé de celle de Louis XV, tromperie d'un côté, franchise de l'autre. Ces deux êtres étaient faits pour vivre ensemble, à tel point ils se rapprochaient par leurs sentimens.

Les rigueurs de l'étiquette, qui ne fléchissent guères à la cour, permirent enfin à la marquise de se retrouver seule avec ses pensées; elle éprouva, au milieu du tumulte de son âme, un instant de bonheur à être enfermée dans la chambre d'où madame du Hausset fut bannie. Là, elle réfléchit à ce qui s'était passé, à ce qu'elle avait vu, à ce qui lui restait à faire. Des mouvemens terribles de vengeance, déguisés sous le devoir hypocrite de sauver l'honneur de sa fille, la poursuivaient déjà, et, déterminée à en prendre un parti décisif, ne balançait que sur le mode d'exécution. Là, un conseil lui devenait nécessaire, ou plutôt elle avait besoin d'un complice pour exécuter ce que sa haine avait résolu.

Le comte de Saint-Germain était celui dont l'intervention serait la moins dangereuse ; sa position précaire, son isolement complet, la facilité avec laquelle, en cas de péril, on le ferait disparaître, rassurait la marquise sur le péril qu'il y aurait à se rattacher à lui. D'ailleurs, il possédait des secrets si extraordinaires, qu'avec son aide on pouvait espérer un succès dont les conséquences ne laisseraient aucune trace. La scène dernière qui avait eu lieu en présence du roi, la prédiction sinistre, appuyée sur l'apparition de ces ombres menaçantes, avaient subjugué entièrement la marquise. Sa philosophie prétendue, la force de son esprit, tout s'était éteint devant la superstition ; mais ce n'était pas à un moyen céleste que les prodiges opérés par le comte pouvaient être attribués ; ces ressorts merveilleux, au contraire, sortaient d'une assistance maligne, infernale, et dès-lors, il était permis d'espérer que le comte ne reculerait pas devant une proposition coupable.

Telles étaient les réflexions auxquelles la Marquise s'abandonnait, et pendant tout le tems qu'elles roulaient dans sa tête, elle demeura immobile, renversée dans son fauteuil et en apparence plutôt en état de sommeil que de veille. Aucune parole ne lui échappait ; elle veillait même sur ses gestes, à tel point une indiscrétion lui paraissait à craindre.

Cependant, et à côté d'elle dans une chambre voisine, veillait madame du Hausset ; il était indifférent à la Marquise que celle-là entendît la discussion des secrets du royaume qui souvent avait lieu entre le roi et elle ; mais il n'en était pas ainsi de celui dont la découverte pesait sur sa prospérité avec autant d'amertume. Il ne fallait pas que nul le soupçonnât à part le seul individu dont l'assistance lui serait utile. A minuit donc, la marquise appelant madame du Hausset, lui ordonna d'envoyer chercher le comte de

Saint-Germain en employant le détour convenu, et que déjà elle avait expliqué à sa camériste.

« Ce devoir rempli, ajouta-t-elle, je vous autorise à vous aller coucher; que Madeleine veille, cela suffira. »

Madeleine était une sourde et muette au service de madame de Pompadour, et dont elle aimait les soins précisément à cause de son infirmité. La première femme de chambre obéit, et la Marquise, une autrefois, se mit à réfléchir. Des tentations cruelles s'élevaient en elle; il lui fallait sauver sa fille en ménageant sa sensibilité et punir un audacieux jeune homme qui n'avait pas craint d'inspirer de l'amour à ce cœur simple et passionné. Ce travail se montrait sous un aspect sinistre, des moyens vulgaires ne convenaient pas; la marquise, comme tous ceux emportés par un caractère impérieux, aurait demandé aux enfers un secours que la terre se refuserait à lui fournir. Plus elle songeait à l'offense reçue, moins elle s'y accoutumait. Il était un excès tellement humiliant qu'il lui devenait impossible de s'y arrêter, elle le repoussait en frémissant de rage, et, dans ce moment, sa figure si belle, si gracieuse, se décomposait de manière à effrayer ceux qui auraient pu la contempler en cet état.

Elle comptait les minutes et s'étonnait déjà que le comte de Saint-Germain ne fût pas venu..... qui le retenait..... Tout à coup elle fut frappée de la pensée accablante que, tandis qu'elle était là, le téméraire Géréon, à l'aide d'une intelligence avec un domestique de la maison, aurait pu s'introduire auprès d'Alexandrine, comme sans doute on avait facilité l'autre rendez-vous ; elle tressaillit, et, malgré l'heure indue, traversa rapidement les diverses pièces qui la séparaient de la chambre de sa fille, et arriva dans celle-là sans s'être arrêtée et contrainte de le faire au moment d'y entrer, à tel point son cœur était oppressé. La porte était demeurée ouverte ; un lustre garni de bougies allumées éclairait le lit fermé par des rideaux de damas; madame de Pompadour avança doucement, retenant son haleine, et craignant de faire le moindre bruit. Les femmes, gardiennes d'Alexandrine, sommeillaient chacune sur un fauteuil. Le repos était là en compagnie de l'insouciance; mais par derrière les riches draperies d'une couche vraiment royale, on entendait des gémissemens entrecoupés...... Alexandrine pleurait..... Ce fut un rude coup pour madame de Pompadour... Ces larmes, était-ce le repentir qui les provoquait? Il aurait fallu avoir peu de connaissance des affections de l'âme pour croire ceci.... Non, mademoiselle d'Étioles ne pouvait être à cette heure que sous l'empire d'un seul sentiment, le regret de se voir séparé de l'objet de sa tendresse.

Rassurée du moins sur ce qu'elle redoutait sans raison, la marquise n'avança pas davantage, attendit encore, écouta.... De nouveaux gémissemens parvinrent à son oreille et descendirent à son cœur; il en ressentit plus d'indignation que de pitié, et loin de chercher à consoler Alexandrine, elle se recula et s'en revint dans le salon, ayant de la peine à contenir le désespoir haineux qui s'emparait d'elle.

« Oh ! dit la favorite, en frappant du pied, les reptiles venimeux qu'on écrase dans le sentier où on les rencontre, méritent moins cette mort douloureuse que l'insolent bâtard qui aspire à souiller ma maison !! »

CHAPITRE VI.

L'art du courtisan consiste à se trouver des complices qui acceptent le poids du crime, et qui lui en laissent le fruit.

MERCIER, *mon Bonnet de Nuit*.

*Pudore et liberalitate liberos
Retinere, satiùs esse credo quam metu*

Il vaut mieux retenir les enfans par l'honneur et les sentimens que par la crainte.

TÉRENCE, *des Adelphes*, acte 1, 1.

UN HOMME HABILE EMBARRASSE,

A l'instant où la Marquise rentrait dans le salon, Madelaine, la sourde et muette, se montra pour lui faire voir qu'elle était avertie. Un signe lui indiqua qu'elle devait se tenir dans le petit passage ouvert qui, de cette pièce, allait à la chambre de la favorite et où madame du Hausset avait le droit de demeurer pendant le jour.

En ce moment, le valet de pied qui remplissait l'office de portier, introduisit le comte de Saint-Germain, qui, s'approchant de la marquise, dit à haute voix, de manière à ce que le laquais l'entendit :

« Je viens, Madame, à heure indue, mais, j'ai voulu, avant de me coucher savoir par moi-même des nouvelles de mademoiselle d'Etioles, et le motif fera sans doute excuser ma visite inopportune.

» — Je n'aurais pas osé vous envoyer chercher aussi tard, répliqua la marquise, mais puisque votre amitié vous a fait prévoir mon désir, je serai charmée que vous voyez ma fille; elle dort maintenant et se réveillera sans doute avant peu. Veuillez attendre, je vous tiendrai compagnie. »

Cela dit, la marquise congédia le valet de pied qui était demeuré pour prendre ses ordres, et lui dit qu'il pouvait aller se coucher; Madelaine veillant, qui se chargerait d'ouvrir la porte de l'appartement au comte lorsqu'il s'en irait. Cet homme partit et un instant après madame de Pompadour alla elle-même pousser les verroux de la porte du salon. Ce soin pris, elle retourna auprès de Saint-Germain ; celui-ci l'attendait debout et appuyé sur sa canne.

« Asseyons-nous, dit-elle, j'ai besoin de repos.

» — Le cœur et le corps, lui fut-il répondu, ont dû en effet souffrir beaucoup en vous aujourd'hui.

» — Plus qu'on l'imagine, répliqua la marquise en joignant ses mains avec force; ah! si mes ennemis connaissaient l'étendue de ma douleur.

« — La tendresse maternelle vous tourmente par trop; une chute n'est pas toujours dangereuse. Le docteur Quesnay, que j'ai interrogé avec cet intérêt dû par moi à tout ce qui vous regarde, m'a dit que ce n'était rien.

» — C'est un accident mortel.

» — Mortel! Madame désabusez-vous, demain, mademoiselle d'Etioles se lèvera fraîche et guérie.

» — Il y a un cas de mort dans cet évènement, repartit encore la marquise avec un redoublement de violence. . . . pour moi, au moins, ajouta-t-elle, en voyant la surprise extrême qui se manifestait sur le visage du comte de Saint-Germain.

» — Votre inquiétude vous égare : le mal, je vous le répète, est léger; il l'est au point que je ne vous propose point le secours des ingrédiens souverains qui produisent des miracles, lorsque je me mêle de les appliquer; je vous les offre pourtant s'ils peuvent vous rassurer.

» — Ah! oui, je compte sur vous. . . . c'est ici, Monsieur, qu'il faudra faire preuve d'amitié.

» — La mienne vous est acquise, se hâta de répondre Saint-Germain plus qu'étonné des larmes que la marquise se mit à répandre. Elle cacha sa figure dans son mouchoir et conserva pendant plusieurs minutes cette attitude silencieuse, et le thaumaturge voyant qu'elle n'en sortait pas, se mit à dire.

« — Si nous allions vers mademoiselle d'Etioles, je me flatte qu'en l'approchant je pourrais vous sauver quelques peines.

» — Je suis une mère bien malheureuse, repartit la marquise en écartant son mouchoir, bien à plaindre, et qui ne survivra pas au coup funeste qui la frappe. Monsieur de Saint-Germain, ma fille est perdue.

« — Ah! Madame, je vous en prie, bannissez cette affreuse pensée.

» — Elle est perdue, vous dis-je, je n'y survivrai pas; ah! du moins, si je pouvais, avant que d'expirer, avoir pris une vengeance terrible.... »

Madame de Pompadour s'arrêta : le comte, plus qu'étonné d'un propos aussi étrange, porta sur elle un regard interrogateur que sa haute science ne put rendre aussi lucide qu'il l'aurait voulu ; et, en même tems, il se tint sur ses gardes contre toute surprise ; car déjà, lors de l'opération commencée du miroir magique, qu'il avait brisé dans ses mains par mégarde, à ce qu'il prétendit, une lumière funeste lui avait montré l'existence de mademoiselle d'Etioles en péril, et c'était un secret qu'il ne consentirait jamais à dévoiler et que, moins encore, il voudrait le laisser surprendre. Il se taisait, lorsque la marquise continuant et changeant de ton habilement.

» — Monsieur, vous possédez toute ma confiance.

» — Je la mérite, Madame, par mon affection et mon dévouement.

» — Je n'en doute point, et néanmoins, sans la nécessité impérieuse qui me commande, le fatal secret que je vais déposer dans votre sein ne sortirait pas du mien, où il nourrit une douleur qui n'aura aucun terme; il faut que je vous le révèle, que je prenne vos conseils... Vous avez de l'expérience, de la sagesse; vous voyez de haut et loin, vous viendrez à mon aide..; ma vie entière ne saurait payer la reconnaissance du service que j'attends de vous

La marquise s'arrêta ; le comte, de plus en plus intrigué, renouvela ses protestations, et elle alors, reprenant la parole en témoignant par le jeu de sa physionomie tout le mal que lui faisait ce qu'elle avait à dire, raconta de point en point, et ses premiers soupçons, et l'inclination mutuelle de sa fille et de Géréon, et dépeignit la scène de tantôt, qui aurait achevé de lui faire voir la vérité entière. Aucune circonstance ne fut omise; elle se complut à rapprocher divers faits qui motivaient sa haine à l'égard de cet orphelin, de ce bâtard, qualification qu'elle lui donna avec une sorte de délice; elle représenta les chances de la position, l'obstacle que cette passion malencontreuse apportait au mariage convenable, dont le comte de Saint-Germain avait eu la première pensée, et qu'Alexandrine repoussait avec obstination; enfin, madame de Pompadour se décidant, par nécessité, à être sincère, ne négligea rien de ce qui pourrait irriter le comte de Saint-Germain contre Géréon.

Elle fut écoutée avec une attention soutenue, non sans laisser parfois échapper les gestes d'un profond étonnement, et lorsqu'elle eut fini, le thaumaturge, lent à répondre parce qu'il réfléchissait, dit enfin :

« Je comprends maintenant, madame la Marquise, la juste étendue de votre douleur ; oui, en vérité, votre position est pénible, et c'est un serpent réel que vous avez réchauffé dans votre sein ; vous êtes par bonheur en mesure de le punir comme il le mérite, et une détention à la Bastille ne trouvera aucun contradicteur. Pendant ce tems, des soins, des distractions et l'absence produiront leurs effets ordinaires, et tout sera dit.

» — On sort de la Bastille, repartit la marquise en secouant la tête ; un autre malheur peut me frapper, mon pouvoir s'évanouir, et passer à ceux, qu'avec raison, je regarde comme mes ennemis personnels, et ceux-là prendront à tâche de renverser mon ouvrage, de me rendre infortunée de toutes façons.

» — Si ce moyen vous manque, je n'en vois pas d'autres propres à le suppléer. »

Ce que madame de Pompadour allait répondre, expira dans sa bouche, un dépit prononcé se peignit dans ses yeux.

« Que dois-je donc faire? dit-elle enfin.

» — Je le cherche, répliqua le comte.

» — N'est-il aucune ressource dans la science que vous professez?

» — On ne peut vaincre les passions qu'en éteignant l'intelligence. Les philtres qui ont de la force, sont dangereux.

» — Et l'action de ce séducteur, ne vous semble-t-elle pas bien coupable?

» — C'est un crime.

» — Dès-lors que vous en convenez, vous ne contesteriez pas, je l'espère, la nécessité du châtiment.

» — Non, Madame.

« — Et moins encore son étendue. »

Le comte, cette fois, ne répondit pas; il baissa les yeux, parut embarrassé. La favorite, qui l'examinait avec attention, devina qu'il l'avait comprise, et quelque chose en lui luttait contre la fantaisie de l'obliger.

Alors elle prit sa main, et le regardant avec une expression extrême de sensibilité.

« Vous êtes mon ami, ma situation vous semble affreuse; mon honneur, celui de ma fille sont compromis; qui sait jusqu'où cet insolent a poussé le crime, quelle honte prochaine est prête à rejaillir sur moi. J'ai affaire non à un adolescent égaré lui-même par les illusions de l'âme, mais à un homme d'une malice profonde. Voyez quel art il a mis à préparer le lieu où il s'est caché et que je n'ai pu découvrir; il s'est ménagé des complices, a eu sans doute des intelligences dans ma maison, comme il doit avoir des protecteurs élevés au dehors; il a profité de toutes les circonstances, a vu ma fille bien souvent, je le crois, n'aura pas non plus négligé de me ravir sa tendresse, afin qu'elle se rapportât à lui uniquement, et tout cela en reconnaissance des soins accordés à son enfance, d'une belle fortune que je lui ai conservée, de mes offres de service, de mon désir de le rendre heureux. C'est un monstre d'ingratitude qu'il faut frapper vigoureusement sans s'inquiéter de la punition. Il y a des cas où, peut-être, ce qui n'est pas juste devient nécessaire pour éviter un plus grand mal, et alors il n'y a pas à balancer. »

Le comte de Saint-Germain, tant que la marquise parla, parut attentif et en même tems conserva son impassibilité accoutumée. Les conclusions de ce discours, car c'en était un véritable, le firent tressaillir. Enfin, prenant à son tour la parole :

« Que demandez-vous ? Madame.

» — La vengeance !.... Je la veux, je l'attends de vous... Une prison ne me contenterait pas ; je vous ai confié ma crainte ; le roi est déjà près d'entrer vers cet âge où la vie est précaire, où, d'un jour à l'autre, elle peut finir (et la marquise, quoique certaine que nul que l'auditeur ne pouvait l'entendre, baissa sa voix), moi-même je peux cesser de lui plaire, tomber en disgrâce... Dans l'un ou l'autre de ces cas, il y a pour moi tout à craindre de M. le Dauphin qui trouverait encore très-sortable le mariage de mademoiselle d'Etioles avec un misérable aventurier ; il faut donc... il faut que celui-ci disparaisse sans retour, sans que jamais il puisse être à craindre, que sa mémoire s'éteigne avec lui ; que si, du moins, ma fille est perdue, le suborneur ne puisse jouir de ma honte et de mon désespoir.

» — Madame, répondit le comte avec un accent solennel, ceci n'est point un cas de médiocre importance ; si vous craignez que la Bastille ou Pierre-en-Cise ne rendent un prisonnier confié à leurs murailles, un bannissement en Amérique ou dans les Indes, aura pareillement ses chances de retour.

» — Une punition aussi douce...! Je me suis mal expliquée, ou vous vous attachez à ne pas me comprendre ; je veux mieux que cela, M. le Comte, il n'est pas nécessaire que ce jeune homme aille si loin.

» — Eh bien! Madame, je ne m'en dédis pas, plus votre exigeance augmente, plus le cas devient grave.

» — Il l'est en apparence. Qu'est-ce, au fond, qu'un orphelin sans aucune famille, sans personne qui s'inquiète de lui après lui ; qui ne trouvera pas un ami pour l'accompagner à la tombe, et encore moins un vengeur pour tirer justice de sa mort..? Mettez ce point en balance avec les droits que mon sauveur acquerra sur moi et les miens ; j'ignore ce qui lui est agréable ou nécessaire, mais il pourrait former des vœux, je les remplirai dans toute leur étendue sans qu'ils pussent me lasser jamais. Les titres, les dignités, les charges, la fortune, même le million que cet ingrat laissera après soi, tout lui appartiendrait et mon amitié ; je lui assurerais celle du monarque, et son crédit n'aurait d'autres bornes que celles de sa propre modération.

» — Comptez, en avant de tant de biens que vous prodiguerez à qui vous serait utile, répartit le thaumaturge avec galanterie, le bonheur qui naîtrait de votre propre satisfaction, un tel motif est séduisant... mais jamais, jusqu'à cette heure, mon art n'a servi qu'à soutenir la vie ébranlée; j'entrerais dans une carrière nouvelle; où ira-t-elle aboutir ?

» — Je vous l'ai montrée en perspective, à un établissement brillant à la cour de France.

» — Et pour siége, vous me donnerez un cercueil ?

» — J'y prendrai place auprès de vous; vous en faut-il davantage. Qui vous soupçonnera ? Je serai seule exposée à la méchanceté des hommes, si jamais ceci vient à être découvert. Qui, d'ailleurs, soulèverait ce voile ? Personne. Ma règle de conduite ne laissera aucune lumière à raviver contre nous; ma sagesse, tantôt, est venue combattre ma colère. J'ai compris tout le prix d'un éclat; combien un acte de rigueur exercé contre cet audacieux jeune homme, serait retombé sur ma maison. Je n'ai poussé aucun cri, proféré aucune plainte, adressé aucun reproche à ma fille et à son séducteur. Je me suis vaincue; j'ai été tendre pour la première, affectueuse pour le second; j'ai donné un motif excellent de son absence mystérieuse, à son retour inopiné; le public aura pris le change, et ce traître, je l'espère, n'aura pas plus de perspicacité. Ainsi, je demeure maîtresse de l'avenir; ainsi je commanderai à la destinée de ce téméraire; et lorsque je pèserai sur lui d'un poids terrible, je me flatte qu'il ne s'en apercevra que lorsqu'il ne sera plus tems. »

Le comte de Saint-Germain répondit, mais sans prendre aucun engagement. Ses propos, enveloppés de formes oratoires, donnèrent de hautes espérances à la marquise; il renouvela les protestations de son amitié, certifia de son vif désir de lui complaire; que, certes, il lui sacrifierait tout ce qu'il avait de plus cher; que néanmoins, avant de recourir à ces moyens extrêmes, il fallait prudemment essayer de ceux plus communs; il termina par la demande formelle de lui envoyer le jeune homme dans la soirée de ce même jour, à Paris, où il allait se rendre dès après que la marquise le congédierait.

« Je désire, poursuivit-il, essayer sur lui l'empire de la parole; peut-être parviendrais-je à le vaincre... J'ai eu parfois à triompher de caractères bien entiers, et, dans une circonstance, je me ressouviens que le Dante me dit à ce sujet, à la suite d'une discussion que nous eûmes ensemble...

» — Le Dante ! s'écria la marquise, l'avez-vous connu ? et depuis quand êtes-vous donc sur la terre ?....

» — Il y a plusieurs personnages de ce nom.

» — Comte de Saint-Germain ! faites que dans cinq cents ans d'ici, le maudit Géréon ne puisse pas se vanter d'avoir connu M. de Voltaire.

La conversation finit peu après ces derniers mots. Madame de Pompadour renouvelant ses instances, et le comte se maintenant dans une réserve absolue, non pas néanmoins sans laisser désespérer la favorite du Roi de France de le gagner plus tard, après la conservation qu'il voulait avoir avec Géréon.

La nuit était bien avancée lorsque cette

conférence prit fin. Le comte, en partant pour Paris, renouvela les assurances de son dévouement achevé. La marquise, plus calme, par cela seul qu'elle avait versé une partie de ses peines dans le cœur d'un ami, essaya de trouver un repos bien difficile à rencontrer après de si violentes agitations ; aussi ce fut en vain qu'elle l'appela, il ne vint point. Le jour la surprit éveillée et méditant sur ce qui s'était passé. Les réflexions la maintinrent dans la bonne opinion du rôle qu'elle avait commencé à jouer dès la veille, et qu'elle se détermina à poursuivre comme étant le seul dont elle pût espérer le succès à l'entreprise qu'elle tenterait.

Elle se leva beaucoup plus tôt que de coutume; envoya savoir des nouvelles de la santé du roi déjà rétabli de sa légère indisposition, puis se prépara à passer chez sa fille qu'elle supposait encore couchée, lorsque celle-ci parut tout à coup. Le repos de la nuit paraissait n'avoir, en aucune manière, adouci la vivacité de sa douleur, et sans s'inquiéter de la présence de madame du Hausset, elle courut se jeter non dans les bras, mais aux genoux de sa mère, tandis que des larmes abondantes coulaient de ses yeux.

La marquise, aussitôt, se tournant vers sa première femme de chambre, lui dit avec douceur :

« Laissez-nous, cette enfant est folle, une poupée lui plaît mieux qu'un mari. »

Madame du Hausset se retira ; ces paroles lui donnant seulement à penser que mademoiselle d'Étioles ne se souciait pas d'épouser le duc de Fronsac. Dès que la marquise fût seule avec Alexandrine, elle se hâta de la relever de l'humble posture qu'elle s'obstinait à ne point quitter, puis l'embrassant avec amour, l'attira vers sa chaise longue, s'y assit et contraignit, en quelque sorte, la jeune affligée à venir prendre place sur ses genoux, et, dans cette position si intime, se mit à dire :

« Est-il possible qu'Alexandrine aime assez peu sa mère pour la désespérer ?

« — Oh ! maman, répondit-elle en sanglottant toujours, j'ai fait, pendant cette nuit, tous mes efforts pour me résoudre à renoncer à lui ; eh bien ! je sens que je le chéris mille fois plus encore qu'avant le malheur qu'il a eu de tomber en votre disgrâce.

» — Ce malheur, ne le mérite-t-il pas ? De quoi est digne celui qui fait naître volontairement dans le cœur d'une jeune fille, une tendresse qu'elle ne devrait pas connaître.

» — Il m'a aimée sans le savoir, j'ai fait de même ; c'est des premiers jours de notre enfance que cette tendresse est formée sans que nous ayons pu nous en apercevoir ; je ne voyais que lui ; et il est si doux, si fier, il a une tendresse si ardente !

» — Et peu de délicatesse et point de générosité. Je ne reviendrai pas, pourtant, sur ce que j'aurais dû prévoir. Nous avons eu chacun des torts, ma chère Alexandrine ; il serait doux de les réparer tous à la fois ;

toi, mon enfant, en éloignant de ton âme une passion qui fera le malheur de ma vie, Géréon, en employant, pour arriver au même but, le secours de l'absence. Il peut regagner mon estime. Un jour, même, peut-être lui rendrai-je mon amitié, et ce sera le sacrifice qui me coûtera le plus sans doute. »

Alexandrine ne répondit pas, son âme était trop remplie du sentiment né pour ainsi dire avec elle, pour qu'il lui fût possible d'écouter la voix de la tendresse maternelle et de la raison.

» — Je mourrai, dit-elle enfin, si je ne puis unir ma destinée à la sienne. Oh! maman, qu'il dépendrait de vous de nous rendre tous heureux!

» — Ce que tu demandes aujourd'hui est impossible. Notre position ne le permet pas. J'ai reçu la parole du duc de Richelieu, lui ai engagé la mienne; le roi a donné sa sanction à ce mariage qui t'élève aux premières places de la cour; dépend-il maintenant des fantaisies d'un enfant de tout rompre au hasard, de me faire du duc de Richelieu un ennemi irréconciliable, et de mécontenter le roi? Fais attention à tout cela ; vois ce qu'est Géréon? un orphelin sans consistance aucune, perdu dans la foule, que nulle qualité brillante ne recommande et ne porte à excuser, toi qui l'aime, et moi qui consentirais à tes désirs. Il commence sa carrière, et son début est un acte d'indélicatesse; vois tout cela. Si, encore, il avait obtenu une réputation militaire par quelques beaux faits d'armes; si, dans la carrière diplomatique, il avait honorablement servi son pays, alors, peut-être, on pourrait.... Mais aujourd'hui, tout lui manque......

» — Ah ! repartit Alexandrine, en interrompant sa mère avec vivacité, donnez-lui le loisir de se signaler dans l'un ou l'autre des chemins que vous pouvez lui faire ouvrir. Soyez certaine qu'il tardera peu à le parcourir dans toute son étendue. Je suis bien jeune, et quand je ne me marierais que dans dix ans.

» — Voilà retomber dans la niaiserie d'une petite fille, dit la marquise en baisant les beaux yeux d'Alexandrine noyés dans les larmes. Je ne sais ce que l'avenir te réserve, ce qu'il prépare à Géréon ; mais si toi et celui-ci êtes sages, si vous savez vous soumettre à la nécessité ; peut-être un jour votre bonheur ne dépendra que de votre volonté seule. Patientez donc, et que, dès-à-présent, Géréon se décide soit à prendre le parti des armes, soit à entrer au ministère des affaires étrangères ; plus il retardera son choix, moins il aura de chances favorables. »

Il faut peu de chose pour contenter un jeune cœur. Alexandrine sentit le sien se dilater aux paroles qu'elle venait d'entendre ; sa mère n'avait rien dit qui eût rapport au duc de Fronsac, et avait, au contraire, illuminé l'avenir dans une perspective brillante. Joyeuse, de ce qu'elle y faisait entrevoir, mademoiselle d'Étioles osa couvrir le front de la marquise de ses baisers, ce qu'elle n'avait pas encore fait en ce moment, et s'engagea, au nom de Géréon, à ce qu'il exécuterait de point en point tout ce qu'on lui ordonnerait dans l'intérêt de son sort futur.

« Maintenant je retrouve ma fille, dit madame de Pompadour avec un doux sourire, j'espère que, plus tard, elle reconnaîtra ma tendre amitié. Qui se serait douté, dit-elle en caressant du revers de la main, les joues encore pâles d'Alexandrine, que ce cœur avait déjà parlé. Je serais curieuse de savoir comment il a pu faire pour se cacher dans Versailles pendant plusieurs jours.

Alexandrine, remplie de confiance dans la bonté de sa mère, crut devoir mériter mieux encore la grâce qu'elle ne cesserait de solliciter en avouant le secret de la chambre cachée qui avait servi de retraite à Géréon. La marquise écouta cette révélation avec une indifférence apparente, tandis qu'elle éprouvait un redoublement intérieur de colère et d'inquiétude.

« Ainsi, dit-elle en souriant toujours, vous pouviez vous voir à toute heure, et cet asile vous offrait une solitude où, certes, on n'aurait pas imaginé à vous aller chercher?... Ma fille, il y a eu de votre part beaucoup d'imprudence et de celle de Géréon;... Va, mon enfant, rejoindre ta gouvernante; ne la quitte pas. Géréon dînera avec nous, car depuis qu'il a rempli avec tant de zèle et de rapidité, la haute mission confiée par le Roi à sa haute intelligence... N'est-ce pas, Alexandrine, que j'ai été heureusement inspirée lorsqu'il m'a fallu venir au secours de tout inexpérience imprudente.... Embrasse-moi, ma fille, laisse-moi réfléchir aux moyens d'assurer un jour ton bonheur. »

Alexandrine s'éloigna; mais, aussitôt que la marquise se trouva seule, ses traits se décomposèrent rapidement, et levant au ciel des yeux remplis de rage, elle s'écria d'une voix étouffée par la fureur.

« Ah! il a pu la voir de jour et de nuit... l'infâme, il doit en porter la peine.... Il mourra!!!

CHAPITRE VII.

Il est aussi difficile de faire entendre à l'amour le langage de la raison, qu'il l'est à une âme ambitieuse d'écouter celui du sentiment.

Recueil de maximes.

LES DEUX DIPLOMATES.

Géréon fut surpris lorsqu'on vint de la part de madame de Pompadour l'engager à aller au château ; il ne pouvait, malgré la manière dont celle-ci avait surmonté ses sentimens, croire à ce qu'elle pardonnât un amour qui avait trop éclaté à ses yeux pour pouvoir le révoquer en doute. Géréon s'était attendu à un acte de violence, et avait passé la soirée et la nuit à attendre la venue de l'exempt porteur de la lettre de cachet, qui était, à cette époque, le moyen de vengeance des puissans envers leurs inférieurs; rien de funeste n'eut lieu, Géréon n'eut à répondre de sa conduite qu'à son tuteur, arrivé trop tard de Paris, et bien étonné de retrouver son pupille.

Il le fut bien plus encore, lorsqu'à la première question qu'il lui adressa sur la manière dont il avait disparu, celui-ci répondit que sa conduite en cette circonstance était le résultat de l'ordre secret qu'il avait reçu du Roi de France.

« Du Roi? s'écria Collin; où l'as-tu vu et pourquoi s'est-il servi de ton inexpérience?

« — Demandez-le à madame la Marquise, c'est elle qui vous dira sur ce point ce qu'elle jugera convenable; quant à moi, mon devoir a été d'obéir, il est maintenant de me taire. »

Collin, à tout ce qu'il savait du peu d'amitié que la marquise portait à Géréon, et se rappelant d'ailleurs avec quelle vivacité elle avait cherché à l'éloigner de Versailles, ne comprenait pas la possibilité d'une mission diplomatique, peut-être cachée sous cette apparence de haine qui, pour lui était une réalité. Il sentait que quelque chose d'extraordinaire et de mystérieux avait eu lieu, que Géréon était intéressé à garder le silence, et ce cas le porta à former diverses conjectures dont aucune ne le satisfit complétement. Il quittait Géréon pour aller au château rendre compte à sa maîtresse de l'affaire qu'en son nom il avait été poursuivre à Paris, lorsqu'il rencontra le valet de pied qui venait chercher le jeune homme. Cette singularité lui parut non moins étrange que tout le reste; aussi, malgré sa retenue consommée, il ne put s'empêcher de témoigner sa surprise à madame de Pompadour de l'apparition inattendue de Géréon, qui paraissait comblé de faveur à l'heure où il le croyait en pleine disgrâce.

« Ne vous tourmentez pas de tout ceci, mon cher Collin, lui dit la marquise; il y a dans les gouvernemens des choses qu'on ne peut apprécier sur ce qui frappe les yeux. Celle-ci est du nombre, plus tard elle vous sera connue ; en attendant, qu'il vous suffise de savoir que Géréon s'est remis dans mes bonnes grâces, et que, pour peu qu'il le veuille, il lui sera facile de s'y maintenir. »

Collin était attaché sincèrement à son pupille, il ne se serait déclaré contre lui qu'avec beaucoup de peine et pour ne pas désobéir à sa maîtresse. Il la remercia donc avec vivacité de son indulgence ; mais à quel degré monta son étonnement lorsque la marquise en le congédiant, lui eut dit, qu'elle ferait dîner ce même jour Géréon à sa table.

« Lui avec vous, Madame ?

» — Oui, lui avec moi, et la marquise sourit : un homme, poursuivit-elle, qui a été chargé d'exécuter les ordres du Roi, devient une manière de personnage ; d'ailleurs, toute réflexion faite, puisque ce jeune homme est riche, que vous l'aimez, qu'il montre des talens précoces, qu'il a été enfin élevé dans ma maison, je ne vois pas pourquoi je ne ferais pas à son égard, ce que, certes, on me fait faire en faveur de gens que je n'ai jamais connus et dont je ne me soucie point. »

Collin partit de plus en plus étonné, mais cachant avec soin, ce qui se passait dans son âme; à tel point les chimères qu'il y formait lui paraissaient extravagantes, elles étaient de nature à ne les avouer à personne, et même de telle sorte, que le mieux à faire était de les oublier.

Cependant Géréon avait exécuté avec empressement cette fois la volonté de la marquise qui l'appelait vers elle. Il attendait dans la pièce commune intérieure où il se tenait auparavant, le moment où il pourrait voir cette dame; son cœur était ému à la pensée de ce qui lui serait dit. Certes, on ne le mandait que pour lui reprocher ses torts, et sa conscience avouait qu'il n'était pas exempt de blâme; mais en même tems une autre pensée l'occupait, celle de se voir si près d'Alexandrine. Une seule muraille les séparait; elle devait être dans sa chambre à rêver à lui, peut-être sans se douter qu'il pourrait entendre sa voix. Il eût payé cher la présence de sa jeune amie, le bonheur d'entrer chez elle ; cette liberté qu'il prenait autrefois, pourrait-il maintenant se la permettre ? Il en comprenait l'impossibilité, persuadé, d'ailleurs, qu'en conséquence de la découverte de la veille, des mesures avaient dû être prises pour empêcher toute réunion clandestine entre Alexandrine et lui.

Il rêvait à ce point important dans l'histoire de sa vie, lorsqu'on le prévint que madame de Pompadour l'attendait dans son cabinet de travail. Il devait être préparé à cette entrevue, et néanmoins, lorsqu'elle allait avoir lieu, une émotion violente s'empara de lui ; il comprenait l'importance de cette conversation qui devait être décisive ; malgré sa jeunesse il sentait toutes les difficultés de sa position. Il se leva, marcha vers le cabinet, résolu à ne rien faire qui l'humiliât au fond de son âme, et pourtant à se conduire de manière à ne pas exaspérer une femme qui l'était déjà assez, non sans raison.

La marquise, de son côté avait tenu conseil avec soi-même. Plus sa résolution intime était fortement arrêtée, moins elle prétendait la manifester. Il fallait jouer un ennemi faible, un ennemi qu'elle méprisait autant qu'il était haï, mais dont la faiblesse réelle formait toute la défense et qui disparaîtrait dans l'abîme dont la surface se manifestait à lui jonchée de fleurs.

De part et d'autre donc, chacun aspirait à se maintenir dans son rôle. Géréon parut et s'inclina respectueusement ; la marquise était assise dans un fauteuil, elle fit un mouvement de tête en réponse au nouveau venu, ne lui montrant ni une physionomie riante ni un visage irrité, lui faisant signe d'approcher, et lorsqu'il fut debout à deux pas d'elle.

« Géréon, votre raison intérieure vous laisse-t-elle en repos ?

» — Non, Madame, fut-il répondu avec hésitation.

» — Voilà qui est bien, Géréon, mieux que je n'attendais de vous ; j'espère que la suite s'accordera avec le début.

Le jeune homme garda le silence, et par là, excita un peu le mécontentement de la marquise, qui continuant.

« Vous avez de la peine, j'aime à le croire, à convenir de vos torts : ils sont grands ; ils portent aux yeux du monde le cachet de l'ingratitude.

» — Madame......,

» — Ah ! vous retrouvez la parole pour vous défendre ; il serait plus noble de l'employer à faire l'aveu de votre faute, à avouer votre repentir.

Géréon se tut cette fois.

« — Vous êtes né pour ainsi dire dans ma maison ; je vous ai enveloppé d'une protection enviée par beaucoup de monde ; j'avais des droits à votre reconnaissance, comment l'avez-vous manifestée....? Mon intention n'est point de retracer ici avec des couleurs éclatantes votre conduite, votre duplicité; vous avez abusé de mon amitié, de ma confiance pour inspirer à un enfant une passion dangereuse, coupable même, et dont la connaissance vous déshonorerait aux yeux du monde entier.

» — C'est donc un crime! s'écria impétueusement Géréon, que d'aimer avant que de savoir ce que c'est que l'amour, que d'aimer une ange descendue sur la terre pour nous laisser entrevoir les félicités du ciel? Et pourquoi, si ce sentiment est si funeste, ne pas le prévoir? pourquoi me rapprocher d'Alexandrine? Hélas! me la faire connaître, n'était-ce pas me forcer à la chérir? A qui n'a-t-elle pas inspiré un attachement plus ou moins extrême; qui résiste à la vue de sa beauté, à la manifestation de ses grâces, au développement de ses vertus? Pauvre enfant que j'étais, m'avait-on fait à l'avance une âme de bronze? pouvais-je prévoir qu'un jour viendrait où l'on m'imputerait à séduction, à ingratitude ce qui me semblait si naturel ? Vous l'eût-il paru, Madame ? Si j'avais haï votre fille vous m'eussiez qualifié de mauvais cœur, et maintenant vous me reprochez ce qui est un forfait commun à nombre d'autres. »

Cette réponse véhémente et rehaussée par la chaleur de l'expression embarrassa la marquis, tant elle lui parut victorieuse. Son orgueil maternel demeura flatté d'une impression qui, pour bien se peindre empruntait des paroles de flammes et dont sa fille était l'objet. Aussi, afin de se maintenir comme elle l'entendait, elle se hâta de repartir.

« Du moins s'il vous était impossible de ne pas aimer mademoiselle d'Étioles, vous auriez dû avoir assez de raison et d'attachement à sa famille pour éviter de lui faire partager votre amour.

» — C'est ici, repartit Géréon, tandis qu'une tristesse profonde couvrait sa figure; que ma défense deviendra plus difficile. Les apparences sont contre moi, je l'avoue; aura-t-on assez d'équité pour me tenir compte de cet entraînement involontaire qui a en même tems agi sur nos deux âmes? pourtant ce n'est point par fourberie et en me déguisant que j'ai obtenu cette tendresse enivrante; je n'ai mis aucun art, aucune ruse pour arriver à ce bonheur. On m'accusait toujours de violence, on me grondait de ma vivacité, de mes étourderies; j'étais, à entendre chacun, taquin, volontaire, emporté; eh bien! Dieu est témoin que je me montrais sous le même aspect à Alexandrine; que jamais il n'est entré dans ma pensée de me faire voir à elle autrement que j'étais pour tous; et néanmoins je ne sais par quelle magie ces défauts aux yeux d'autrui, semblaient des qualités aux siens. Ma présence lui devenait nécessaire autant que la sienne me rendait heureux; nos âmes insensiblement se sont réunies, confondues, et maintenant il sera bien difficile de les séparer. L'amour a crû en nous avec l'âge; c'était d'abord de l'amitié, plus tard cela s'est changé en tendresse. Comment l'enlever du cœur d'Alexandrine. Je l'ignore : tout ce que je sais c'est que la mort seule l'arrachera du mien. »

Cette nouvelle réplique, bien qu'elle émût madame de Pompadour, ne retînt pas un éclair terrible qu'elle lança à l'audacieux jeune homme lorsqu'elle eut entendu les derniers mots qu'il avait prononcés ; un voile se déchirait à ses regards, celui qui, jusque là, lui cachait Géréon dans son intérieur ; elle y voyait enfin tant d'énergie, tant d'amour, tant d'éloquence passionnée, qu'en même tems il fallait apprécier le péril et l'inutilité d'une lutte avec cette âme de feu. La gagner par la frayeur paraissait inutile ; la prendre par surprise c'était une ressource incertaine ; il ne restait plus qu'à la tromper.

« Ainsi, dit-elle, on n'aura par le fait aucun reproche à vous faire ; vous êtes à couvert par mon imprudence, par ma folie d'avoir souffert qu'un homme fût admis dans la familiarité de ma famille ; vous avez peut-être raison. Il convient donc d'écarter le passé du compte que nous avons à régler ensemble, soit ; ne nous attachons qu'à celui du moment ; celui-là, nous le réglerons vîte. Qu'espérez-vous, Géréon ? c'est une question directe ? elle réclame dans la réponse, toute franchise : je vais juger si vous n'y manquez pas.

Géréon relevant la tête porta fièrement ses yeux sur ceux de la Marquise et repartit aussitôt :

« Je n'attends rien de vous; Madame, je sais que je vous parais trop peu digne de votre fille pour que vous me l'accordiez jamais. vous n'aurez aucune pitié de ma douleur, vous ne comprendrez pas tout ce que je pourrais faire pour le bonheur d'Alexandrine; vous m'écarterez comme un mauvais rêve, et j'avoue que ma surprise est grande de n'être point déjà enfermé dans une prison.

» — Cette surprise, répondit la marquise, augmentera lorsque je vous aurai donné l'assurance que l'on n'attentera pas à votre liberté. Ce moyen de me débarrasser de votre audace me répugne ; je prétends agir d'autant mieux envers vous que par une conduite opposée vous agissez mal avec moi. Écoutez, Géréon, et faites profit de ce qui me reste à vous dire. Vous avez bien deviné en pensant que je ne vous accorderais jamais la main de mademoiselle d'Étioles ; tout en ce moment vous sépare. Il est inutile que je détaille des obstacles qui ne se montrent que trop à vous ; une pareille union serait aujourd'hui une chimère qui ne pourrait passer pour une réalité. Je ne sais ce que l'avenir réserve à ma fille, vous êtes si jeunes tous les deux ; mais je sais à quoi vous pouvez prétendre et jusqu'où vous pouvez parvenir. La guerre est malheureusement allumée entre la France et la Prusse ; des occasions de se signaler naîtront en foule. M. le duc de Richelieu va partir, si je vous recommande à lui, ma protection sera toute puissante ; il vous mettra en mesure de faire parler de vous, ne négligera aucune occasion de vous placer en évidence. Si peut-être ce seigneur vous déplaît, le prince de Soubise va aussi prendre la direction d'une armée, et vous connaissez l'amitié qui me lie à lui. Je mets à ce que je vous offre une condition, c'est de ne plus vous rappeler que vous avez été aimé de ma fille et que vous ferez tous vos efforts pour dompter l'amour que vous avez pour elle. »

Géréon, ai-je dit, était debout et placé en face de la marquise; il l'avait écoutée avec une attention nécessitée par l'importance de ce qu'elle disait, et un instant sa folie s'était cru autorisée à concevoir de l'espérance; la fin du discours la détruisit. Cependant le son de la voix, l'expression donnée aux paroles n'avaient rien de sévère et laissaient voir une arrière-pensée, ce fut du moins ce qui flatta Géréon. Mais il fallait consentir à plus que la perte de la vie, il s'agissait de renoncer positivement à tout ce qui l'attachait à la terre, consentir à perdre des droits acquis sur le cœur d'Alexandrine, enfin à paraître céder à l'ambition. Son âme était trop fière, elle se révolta. Si madame de Pompadour, sans exiger aucune promesse, lui eût fait voir la position réelle des choses, qu'en le plaignant de sa tendresse qui ne pouvait être exaucée, elle lui eût offert les moyens d'acquérir avec de la gloire une position honorable dans le monde, peut-être aurait-il accepté; mais cette manière de lui mettre le marché à prix, d'offrir une prime à sa faiblesse révolta son énergie, il répondit :

« J'accepte, Madame, une partie de vos offres généreuses celle de ne pas attenter à ma liberté, dont pourtant je vous délie si vous croyez que ma prison soit nécessaire à l'accomplissement de vos projets, mais je m'arrête là, je ne veux ni grade militaire, ni charge dont l'acquit serait ma dégradation. Laissez-moi mon amour, c'est aujourd'hui ma félicité; hélas! un jour ne tardera pas à venir peut-être, où il deviendra l'instrument cruel et certain de votre vengeance; ou ce sera lui qui prendra le soin de me torturer.

» — Ce sont là des phrases, dit la marquise avec dédain.

» — C'est l'expression de ma pensée.

» — Oui, un calcul d'intérêt adroit, et un sourire de mépris acheva de rendre offensante cette dernière phrase.

» — Je ne suis pas de ceux, répliqua le fier jeune homme, qui trafiquent de leur honneur au plus grand avantage de leur ambition. »

Madame de Pompadour prit pour elle ce propos que Géréon n'avait lancé qu'en thèse générale; son visage en pâlit; elle se mordit les lèvres au point de les ensanglanter.

« Votre audace va loin, dit-elle, cela doit être. Il convient d'empoisonner la vie des autres, quand on veut maintenir la sienne dans une voie coupable; non, vous ne viendrez pas à bout de votre dessein.

» — Duquel, Madame, veuillez me le faire connaître; vous vous trompez, j'en suis certain.

» — N'espérez jamais la main de ma fille.

» — Les droits que j'ai acquis sur Alexandrine, par l'effet de sa libre volonté, devraient pourtant être reconnus par les hommes; ils sont du moins enregistrés dans le ciel.

Géréon ne pouvait prévoir non plus la profondeur de cette réponse et apprécier tout ce qu'elle occasionerait de fatal. Il avait simplement entendu, en la prononçant, soutenir que le vœu mutuel de deux cœurs avait une force que rien sur la terre ne devrait rompre; c'était là toute son idée, et sa vertu n'allait pas plus loin. Il ne fut pas de même de la part de la marquise; une frayeur motivée sur ses coupables principes, la porta à croire que Géréon, fort du déshonneur de mademoiselle d'Etioles, n'hésitait pas à le révéler clairement, afin de s'appuyer sur la force de ce moyen odieux. La marquise, ainsi abusée, envisagea avec rapidité toutes les conséquences d'une révélation aussi cruelle, la nécessité de presser le mariage de la jeune insensée avec le duc de Fronsac, et celle non moins urgente, de punir le coupable, le séducteur infâme dont la témérité flétrissait sa maison.

La violence des émotions de courroux et de haine qui s'élevèrent dans l'âme de la marquise, l'empêchèrent de pouvoir s'énoncer ; pendant quelque tems, son corps parut frémir, elle baissa la tête avec un sentiment mélangé de honte et de rage, ses yeux dardèrent plusieurs larmes brûlantes qui tombèrent sur ses mains, et, pendant cet instant de silence où elle tint conseil avec son orgueil irrité et son amour de mère qui venait de recevoir une si rude blessure, elle se détermina à contenir la violence de tant de passions, à se vaincre lorsqu'elle aurait eu tant de plaisir à accabler ce criminel des justes reproches qu'il méritait si bien selon elle ; mais ce retard qu'elle demanda à elle-même, ne serait qu'un meilleur moyen d'assurer la punition. En conséquence, et par un effort dont elle ne se croyait pas capable, son front, lorsqu'il se releva, exprima une sorte d'indifférence méprisante que Géréon avait déjà vue, et sa bouche, sans employer le ton de l'ironie, put dire :

« Vous êtes entier, dans vos exigences, je sens qu'à l'heure où nous sommes, je suis hors d'état de combattre avec vous ; il me faut le secours d'un auxiliaire dépourvu de l'intérêt que j'ai en cette malheureuse affaire. Il y a de par le monde un personnage que vous connaissez, qui a ma confiance ; vous êtes sans motifs pour lui refuser la vôtre. Je lui ai déjà demandé conseil, il sait tout... Allez le trouver, Géréon, causez avec lui ; il sera désormais notre intermédiaire. J'ai tant de déférence pour lui, un tel abandon en sa perspicacité supérieure, que s'il lui prenait fantaisie de me prouver que le blanc est noir, j'ignore s'il me serait possible de ne pas me rendre à son opinion. Quoi qu'il décidera du fait qui nous divise aujourd'hui, je céderai, je vous le répète. Allez de ma part chez lui ; prenez pareillement ses avis, ma tranquillité, le bonheur d'Alexandrine, votre avenir, tout exige que celui-là règle dorénavant notre commune destinée. Adieu.

»—Madame, répondit Géréon, vous oubliez de me nommer ce personnage.

» — Ah ! vous avez raison ; c'est le comte de Saint-Germain.

» — Lui ?

» — Vous inspirerait-il de la répugnance ? aurait-on fait naître en votre esprit des préventions contre lui ?

» — Non, Madame ; et de tous ceux que vous pouviez me désigner, c'est celui pour lequel j'ai le moins d'éloignement.

» — Votre aveu me console déjà ; peut-être que M. de Saint-Germain arrangera les choses de manière à ce que nous soyons tous satisfaits. Il y mettra du zèle, de l'intelligence, de la célérité surtout : c'est ici où elle est nécessaire. Il vous attend ce soir à Paris. Vous avez déjà été chez lui dans une circonstance bien fatale, espérons que ce ne sera pas un mauvais présage pour celle-ci. »

La marquise, à mesure qu'elle parlait, achevait de remporter la victoire sur ses sensations désordonnées : elle y réussit si bien que lorsque Géréon la quitta, lui qui jugeait, uniquement sur les apparences, la crut déjà un peu revenue de son courroux. Il sortait lorsqu'elle le rappela, et d'une voix dont les inflexions étaient entièrement dégagées de ce qui torturait son cœur, lui dit :

« Géréon, vous dînerez avec moi; il faut, de quelque façon que se termine notre querelle, que le public n'en prenne point acte pour se réjouir. Votre désir secret n'est point, je pense, de faire du tort à votre bienfaitrice.

» — Madame, pourquoi en douter? s'écria-t-il, pourquoi me soupçonner une âme aussi noire. J'accepte l'honneur dont vous me comblez; mais ma course vers le comte de Saint-Germain sera retardée.

» — Il ne vous attend que ce soir. Avez-vous déjà si peur que les heures vous manquent? On dirait, à vous entendre, que vous touchez déjà au dernier période de la vie, à tel point vous avez hâte de profiter de vos momens. »

La marquise, malgré sa haute raison, n'avait pu retenir ce propos menaçant sous son apparence légère. Un ennemi habile en aurait fait son profit; Géréon, rempli de confiance dans les autres ainsi que l'est toujours cette jeunesse imprudente, n'y vit qu'une phrase ordinaire à laquelle il ne fallait chercher un sens caché. Aurait-il pu d'ailleurs y donner son attention, lorsque l'invitation inattendue de la marquise lui procurerait le bonheur si vivement apprécié de se retrouver avec Alexandrine ? il ne l'espérait plus. Eh bien! il la reverrait; il pourrait l'entendre, lui parler peut-être, ou au moins par des regards échangés, entretenir cette conversation muette si expressive pour deux amans.

Après qu'il se fut retiré, la marquise ne sortit pas d'abord de sa position contemplative. Ses yeux avaient suivi Géréon jusqu'à la porte, et demeuraient opiniâtrement fixés sur elle comme s'ils se fussent attendus à son retour. Le sein de la favorite, vivement émue, s'élevait, s'abaissait avec rapidité, et, à la pâleur de ses traits, succéda une rougeur enflammée... Enfin, elle fit un geste, compta avec ses doigts... frémit... versa encore des pleurs, sa bouche ne laissant échapper aucune parole, mais seulement des sons inarticulés dont elle seule comprenait le sens.

Madame de Pompadour demeura dans cette torture volontaire, et, perdue dans un dédale de réflexions douloureuses ou vindicatives, jusqu'au moment où madame du Hausset vint la prévenir que l'abbé de Bernis demandait à la voir; elle fit un geste d'impatience.

« On ne me laissera jamais seule ! Que me veut celui-là... Il fait aussi des fautes, il mécontente le roi... Je suis bien malheueuse !.. qu'il entre, peut-être le Gouvernement est-il intéressé à sa visite.

L'abbé parut bientôt après. Il tenait à la main plusieurs lettres; et les montrant à la marquise avec un air de triomphe.

« Voici, Madame, dit-il, des dépêches de Vienne et à votre adresse. Celle-là est de S. M. l'impératrice, cette autre du comte de Stainville.

» — Ah ! cher abbé, s'écria-t-elle avec une joie, qui momentanément surmonta tous ses chagrins, vous êtes un ange consolateur....

C'est sans doute le consentement de l'impératrice au mariage de ma fille ? »

Et le cachet rompu, la marquise lut à haute voix.

« Ma chère cousine,

» Je verrai avec satisfaction M. le duc de
» Fronsac contracter avec mademoiselle
» d'Etioles. Vous ne pouvez douter de l'ami-
» tié que je vous porte et dont il me sera
» agréable de vous donner des marques dans
» toutes les circonstances... »

» — Eh bien! dit la marquise en s'interrompant, me reprochera-t-on le zèle que je mets à servir une aussi digne souveraine... écrirait-elle autrement à son égale? Oh! cher abbé, que je suis heureuse, et que toute la cour et la ville avec, sans oublier le duc de Richelieu, vont éprouver de dépit! »

» — Ce sera, dit l'abbé, une sainte vengeance.

» — Mon ami, l'essentiel pour moi c'est qu'elle soit lourde. Il y a une délectation réelle à peser sur nos ennemis.

» — Et la clémenc !

» — C'est la vertu des faibles, le mérite des sots ; on évite de combattre qui punit, on attaque toujours qui pardonne. »

CHAPITRE VIII.

Le ciel a des routes secrètes dans lesquelles il conduit les hommes pour les faire arriver à un but qu'ils ne soupçonnent pas.

Le Noble.

C'est en vain que nous voulons guider les autres, la destinée nous emporte avec eux malgré nos efforts pour la combattre.

Saint-Evremont.

LE MÉDAILLON.

≫✼≪

Le comte de Saint-Germain était renfermé dans le cabinet mystérieux, placé au fond de la galerie de sa maison d'habitation, rue des Fossés-Saint-Germain, à Paris. Il venait d'examiner avec une attention scrupuleuse ce feu perpétuel alimenté sans relâche au moyen d'un mécanisme qui faisait tomber dans le fourneau le charbon à mesure que le premier placé se consumait. M. de Saint-Germain se promenait enseveli dans des pensées qui le tourmentaient sans doute, car, une première fois, il n'entendit pas le bruit de la sonnette qui lui annonçait la venue d'un étranger; ce ne fut qu'à la seconde que sa rêverie prit fin, mais non pas sa peine cachée, car en apprenant qu'on le demandait, il laissa éclater, au milieu de la solitude où il se trouvait encore, un mouvement désordonné que sa haute prudence ne tarda pas à réprimer.

Il marcha vers la porte de la galerie qui s'ouvrait dans sa chambre, tira les verroux, et puis demanda à son valet de chambre qui arrivait. On lui dit que c'était ce jeune homme élevé chez la marquise de Pompadour, et déjà venu pour apprendre au comte la grande nouvelle de l'assassinat du roi. M. de Saint-Germain avait l'usage de recevoir la plupart des visites nombreuses qui lui survenaient, soit dans sa chambre, soit dans son salon ; les adeptes seuls ou les plus grands seigneurs entraient dans la galerie qui précédait le laboratoire, et être introduit dans ce lieu, annonçait déjà un haut degré de considération de sa part. Ce fut là où il donna l'ordre qu'on amenât Géréon.

Celui-ci entra, portant le corps droit, la tête élevée, la contenance fière sans être arrogante, se faisant remarquer en outre par ses manières ouvertes, la vivacité singulière de sa physionomie expressive; ce soir là enivré encore du bonheur que lui avait procuré ce dîner fait en la compagnie de mademoiselle d'Etioles, il ne pouvait envisager l'avenir avec inquiétude, et en espérait ce que peut-être il n'y rencontrerait pas.

Après les premiers complimens épuisés et un coup d'œil jeté autour, sur des merveilles de l'art et les curiosités de la nature répandues autour de la galerie, Géréon, s'adressant au comte de Saint-Germain, lui dit qu'il ne venait pas de son propre mouvement, mais en vertu de l'invitation expresse de madame de Pompadour.

« Elle vous porte beaucoup d'affection, se hasarda à dire le comte ; mais il s'empressa de détourner la tête pour cacher sa rougeur, car il prononçait un mensonge. Celui auquel il l'adressait ne répondit pas à ce propos, il se contenta d'incliner la tête, puis un instant après reprenant la parole.

« — Monsieur le comte, dit-il, madame de Pompadour m'a dit qu'elle vous avait instruit d'une malheureuse circonstance....

» — Oui, son amitié me confie ses peines; je voudrais les lui épargner, et pour cela il faudrait que vous et moi fussions d'intelligence.

» — Monsieur se hâta de répliquer Géréon, à cette ouverture qui lui était faite, et dont il comprenait les motifs cachés, la destinée a voulu que nous fussions opposés l'un à l'autre presque depuis l'heure où j'ai eu ma première pensée raisonnable; depuis, les choses n'ont pas mieux été, et maintenant je crains qu'on ne puisse rien sur elles.

» — Oui, tant que vous vous opiniâtrerez à repousser ce qu'elle est endroit d'exiger de vous.

« — Quoi, Monsieur?

« — Votre renoncement à une passion insensée, et votre prompt départ.

« — Le départ, la fuite, tout ce qu'on voudra n'est pas ce que je refuse; je sens que ma présence à Versailles et chez la marquise surtout, ne peut plus être autorisée; moi-même, quelqu'attrait que je trouve dans cette maison, ne pourrais pas m'y supporter, quand aux dépens de mon existence, il me faudrait y voir passer dans les bras d'un autre celle..... »

Géréon s'arrêta un instant, porta la main à ses yeux, puis reprenant avec véhémence.

« Mais quant à mon amour, à ce qui fait ma joie et mon désespoir tout ensemble, à ce qui me soutient en même tems qu'il me traîne rapidement vers mon heure dernière, qu'on ne se flatte point d'en obtenir le sacrifice, je le défendrai contre tous, contre mademoiselle d'Etioles elle-même.... Quelle est donc, poursuivit le jeune homme en s'animant davantage, cette tyrannie insupportable, qui ne veut pas me laisser les sentimens de mon cœur, qui me prive d'une félicité positive, et sans en moins poursuivre celle que mes illusions peuvent me procurer. Je le demande en grâce, qu'on me les laisse, elles me restent pour dédommagement unique : il est trop barbare de pouvoir me les ravir.

Le comte de Saint-Germain qui, à l'aide des bougies dont la galerie était illuminée, pouvait voir le jeu de la physionomie de Géréon, s'attachait à l'examiner avec un intérêt toujours crispant. Jamais encore il n'avait entendu parler si longuement ce jeune homme, jamais ses accens n'avaient vibré à son oreille avec tant de charme. M. de Saint-Germain était depuis long-tems au-dessus des faiblesses humaines; il dédaignait la puissance de la beauté ou des qualités extérieures, et c'était avec une surprise particulière qu'il s'apercevait de l'intérêt subit que Géréon lui commandait. Il prenait plaisir à voir se développer avec tant d'énergie cette âme de feu dont jusqu'alors il avait ignoré l'existence, et un sentiment de pitié profonde s'empara de la sienne.

« Enfant que vous êtes, dit-il, qu'est-ce donc que cet amour auquel vous attachez tant d'importance ? Vous le croyez peut-être un corps solide formé de molécules éternelles qui vous accompagneront au terme d'une vieillesse prolongée ? détrompez-vous ; c'est une vapeur brillamment colorée, mais non compacte ; c'est une illusion qui se dissipe aussi vite qu'elle était venue...., briève surtout : il ne vous en restera un jour que son souvenir et son amertume. »

Géréon secoua la tête, et sur ses lèvres passa le sourire de l'incrédulité.

« Je vous comprends, poursuivit le comte ; votre cœur, que vous venez d'interroger, vous a répondu contradictoirement à ce que j'avance : il vous trompe, prenez-y garde, jeune homme. Le plus mortel ennemi que nous ayons à votre âge, c'est notre cœur, il ne vit que de chimères, que de déceptions qu'il veut nous faire adopter pour des réalités; méfiez-vous de lui.

» — Cela est impossible, répliqua Géréon, je me trouve sans force pour le combattre. Il ne vous sera pas donné de remporter sur lui une victoire que je n'ai pu rencontrer encore. J'ai lu que l'expérience des autres ne nous sert aucunement.

» — C'est vrai, repartit le comte, et, qui pis est, il arrive souvent que même la nôtre nous manque. Pourtant lorsque l'on veut bien consulter la raison....

» — Je suis amoureux, Monsieur, dit Géréon, en rougissant.

» — Voilà, votre faute... Allons, mon enfant, venez avec moi vers la sagesse; faites attention à votre position sociale. Vous êtes, m'a-t-on dit, un orphelin abandonné. »

Géréon à ces derniers mots, se hâta de raconter son histoire sans en omettre aucun détail. Le comte l'écouta avec une attention marquée, et lorsqu'il lui eut appris, que parmi les pierreries contenues dans la cassette de son conducteur, soupçonné d'être son père, on avait trouvé un médaillon garni de diamans et chargé de caractères étrangers, Monsieur de Saint-Germain l'interrompant.

» — Vous ignorez, peut-être, que presque toutes les langues parlées et symboliques me sont familières ; aussi je ne doute pas que si ce bijou m'était confié, je ne pusse y lire ce que nul autre n'y a découvert.

» — Je peux, répondit Géréon, vous soumettre la divination de ces caractères, et cela sur-le-champ, je porte toujours sur moi ce médaillon ; le voilà. »

En disant ceci il retira de son sein cette amulette mystérieuse, suspendue à une forte chaîne d'or dont il la détacha, et la remit entre les mains du comte, qui la prit avec un sentiment de curiosité sans doute; puis il s'écarta de quelques pas du jeune homme et lui tournant le dos fut se placer auprès d'une girandole allumée, ouvrage de fonte d'un travail précieux et modelé sur un dessin de Girardon. Là, il demeura quelques minutes paraissant très-attentif à l'étude qu'il faisait de ces lettres bizarres ; sa main tremblait par fois, puis il alla vers un cabinet où il avait l'usage de renfermer les objets cabalistiques qu'il ne voulait pas exposer aux regards curieux, l'ouvrit, en tira des tablettes recouvertes d'ébène et de rubis, compara l'écriture qu'elle contenait à celle du médaillon, et resta encore plus de tems à cette contemplation double.

Géréon s'en étonnait; ses regards suivaient les mouvemens du comte et cherchaient à surprendre dans ses yeux, sur ses traits, une partie de ses sentimens intérieurs ; mais bien que sa physionomie fût quelque peu altérée, elle ne laissait encore rien connaître de ce qui pouvait agiter M. de Saint-Germain. Celui-ci termina enfin sa recherche approfondie; il retourna à Géréon qui l'attendait rempli d'impatience, et sans lui rien dire relativement aux caractères de l'amulette.

« N'avez-vous conservé, lui dit-il, aucun souvenir des traits de votre père présumé?

» — J'étais bien jeune lorsque je le perdis, répondit Géréon, et néanmoins chacun de ceux-là est demeuré empreint dans ma mémoire, il me semble souvent que je le vois. Hélas! il ne pouvait être mon père, car il ne me traita jamais comme son fils.

» — Il vous était sévère?

» — Il me haïssait, monsieur; il m'en a donné si souvent des preuves que je ne puis les oublier. Je vis sa mort avec indifférence. Oh! non, il ne m'avait pas donné le jour.

» — Sa taille était....

» — Haute et forte; sa physionomie sombre comme son teint, la voix éclatante et impérieuse, des yeux étincelans; des sourcils épais, une chevelure noire et crépue : mes souvenirs sont fidèles et ne me trompent pas.

» — Vous n'avez vu que lui dans l'intimité?

» — Lui et une femme que je me rappelle

à peine, et qui n'avait pas plus de bonté que lui. Il me reste, mais sous une forme tellement fugitive, un vague souvenir de ma première enfance, que j'oserais à peine affirmer si c'était ou non un pays montagneux que nous habitions avant notre départ pour Paris. »

Le comte, à chaque question qu'il adressait au jeune homme, pesait les mots et en écoutait la réponse avec une attention jamais distraite. Sa physionomie devenait de plus en plus grave, méditative ; et néanmoins, de tems en tems, ses yeux semblaient se reposer avec plaisir sur Géréon ; et lorsque celui-ci l'eut prévenu qu'il ne restait rien à lui raconter, il cessa de parler, s'interrogea en lui-même, et puis prenant le jeune homme par la main, l'amena devant le cabinet de Boule dans lequel jamais même un adepte n'avait été admis à jeter un regard, en retira un miroir ovale d'environ quatre pouces de hauteur, le mit au jour des bougies les plus voisines, et pressant un bouton qui formait sur la tranche une saillie légère, fit partir un ressort qui laissa voir au dessous un portrait.

« Voilà mon père ! s'écria Géréon frappé d'un étonnement inexprimable.

» — Mon fils, dit à son tour le comte de Saint-Germain, qui eut à peine prononcé ce mot, que se reprenant à la vue de la nouvelle émotion du jeune homme : oui ; mon enfant, je me plais à vous donner ce titre à cause des rapports d'amitié que j'ai eus selon toute apparence, avec ceux de qui vous tenez la vie.

» — Ah ! vous les avez connus ? m'apprendrez-vous qui ils étaient, me procurerez-vous sur mon origine ces lumières qui pourraient tant me servir ? M. le Comte, mon bonheur, mon existence, tout repose maintenant en vous,

Et le fier Géréon, emporté par la vivacité de ses émotions nouvelles s'était jeté aux pieds de Saint-Germain en lui tendant les bras. Le comte faisant un effort surnaturel pour se vaincre soi-même, et envisageant tout ce qui avait lieu, tout ce qui pourrait survenir, hésita sur la réponse qu'il aurait à faire, et néanmoins releva le jeune suppliant de manière que, soit par hasard, soit par dessein, ses lèvres effleurèrent le front de Géréon. Celui-ci conservait toujours l'expression suppliante que son âme imprimait à sa figure, et le comte dit alors:

« Oui, je peux beaucoup sur votre destinée, elle sera soumise désormais à ma discrétion. Mais avant tout il faut m'engager sur l'honneur et devant ce qu'il y de plus sacré pour vous au ciel et dans ce monde, la promesse solennelle que rien de ce que vous avez vu ou entendu ici, que rien de ce que je pourrais vous révéler ne sortira de votre bouche. La moindre imprudence à ce sujet vous précipiterait dans un abyme de calamités dont tous mes efforts ne sauraient plus vous arracher.

» — Est-ce là tout ce que vous exigerez de moi? demanda Géréon dont le désir de soumission était combattu par une pensée de méfiance ; ne réclamerez-vous pas plus tard ce qui serait contraire à mon amour?

» — Mon but désormais, répondit le comte, est de diriger les choses de manière à ce que votre tendresse soit couronnée du succès. Oui, vous étiez venu ici pour que j'essayasse d'arracher de vous une autre promesse, et si je ne le pouvais... »

Le comte suspendit sa phrase commencée, un éclair terrible brilla dans ses yeux, il se reprit et poursuivant :

« Tandis, que désormais ce sera pour votre cause que j'aurai à combattre. Espérez. Mademoiselle d'Etioles sera votre femme. »

Géréon était déjà retombé aux genoux de Saint-Germain, qui devenait pour lui une divinité bienfaisante. Oh! ce fut sans effort qu'il promit tout ce qui lui était demandé, que, rempli de joie et d'espérance, il se releva et osa serrer dans ses bras le sauveur venu si à propos et qui, s'abandonnant à une impulsion secrète, lui rendit ses caresses avec une impression paternelle dont le jeune homme fut encore plus touché.

Cette première émotion calmée, le comte

reprenant la parole, traça à Géréon un plan de conduite dont il le conjura de ne point se départir, et consistant à ne point revenir à Versailles jusqu'à nouvelle ordre ; à continuer néanmoins d'habiter l'hôtel de la marquise au faubourg Saint-Honoré, et de prendre garde à tout ce que l'on tenterait désormais envers lui.

« Un excès de prudence, dit-il, devient nécessaire. Le combat qui va commencer sera plus périlleux que celui qui finit. Vous entrez dans une existence nouvelle ; vous étiez naguères seul contre une femme puissante, je suis maintenant avec vous, et mon secours contrebalancera le pouvoir dont on se servirait pour vous écraser. Je me flatte de posséder les moyens d'amener madame de Pompadour à vous donner sa fille ; mais il faut agir avec réserve et ne rien donner au hasard. »

Géréon écoutait avec ravissement le comte de Saint-Germain, et parfois se croyait, non dans la réalité de la vie, mais sous l'empire d'un rêve du sommeil, quelques instans ayant apporté dans son existence un changement si étrange; et parmi les émotions qu'il ressentait, une des plus actives était celle que sa naissance ne serait plus enveloppée d'un voile éternel, puisque le comte en était instruit, et que, sans doute, celui-ci le lèverait bientôt; mais en même tems un poids pénible pesait sur son cœur, il lui fut impossible de le soutenir davantage, et, pour s'en débarrasser, il montra du doigt le portrait que le comte lui avait fait voir.

« Est-ce mon père qu'il représente? dit-il d'une voix tendre.

» — Votre père? répartit impétueusement Saint-Germain, dites plutôt votre ravisseur infâme. Le traître, le monstre, qui, pour contenter une vengeance atroce, vous a ravi à vos parens avec une portion de leur fortune. Vous êtes libre de le détester, et vous le devez même.

» — Et ces parens, où sont-ils, est-ce encore de ces mystères que vous vous réservez?

» — Il ne vous est pas donné de pouvoir jouir de leurs caresses, votre père et votre mère ont disparu victimes des scélératesses de ce coupable; je reste seul de tous ceux qui s'intéressent à vous. »

Une larme roula dans les yeux de Géréon, un soupir amer sortit de sa bouche.

« Ainsi, je suis réellement orphelin. »

Le comte se tut, et puis prenant la parole :

« Géréon, dit-il, laissons le passé, occupons-nous de l'avenir. Il est tard, j'ai besoin de me retrouver avec moi-même, soit pour calmer les mouvemens désordonnés de mon cœur, soit pour régler votre conduite et la mienne dans ce qui nous reste encore à faire pour arriver au but où nous tendons. Laissez-moi ; vous ne me verrez pas demain, il me faut toute la matinée, et dès que j'aurai fini le travail que j'entreprendrai, je partirai pour Versailles. J'ai hâte de parler à la marquise de Pompadour; j'ignore à quelle heure je rentrerai à Paris. Vous viendrez après-demain déjeûner ici, j'aurai peut-être quelque chose d'important à vous communiquer. »

Tout ce que disait le comte, surprenait Géréon de plus en plus. Néanmoins, et ne songeant pas à s'opposer à la règle qu'il lui traçait, et quoiqu'intérieurement il se plaignît du délai qu'il apportait à lui apprendre ce qu'il avait tant d'intérêt à savoir, il se détermina à une obéissance aveugle, et, pour commencer, prit congé sur-le-champ.

Dès que le comte, qui l'avait accompagné jusqu'à la première anti-chambre, fut rentré dans la galerie et en eût soigneusement refermé la porte, il s'élança avec vivacité vers l'armoire qui contenait les objets mystérieux auxquels il attachait tant de prix, et de nouveau se mit à comparer le médaillon que le jeune homme lui avait laissé avec les tablettes qui lui appartenaient; puis, et comme frappé par une inspiration soudaine, il reprit le médaillon, et, avec un tourne-vis d'acier, d'une finesse extrême, mit en jeu une charnière soigneusement cachée sous une des pierreries qu'il avait auparavant écartée par une forte pression du doigt. Alors la pièce se détacha en deux parties, et, dans un double fond, laissa voir deux portraits, l'un d'une femme merveilleusement belle, l'autre d'un homme dans la fleur de l'âge, et dont la ressemblance était frappante avec lui, Saint-Germain.

Ce fut avec une tristesse véhémente, avec un transport d'amour et de colère qu'il examina ces miniatures. Il y eut encore des larmes dans ses yeux, il croyait avoir épuisé toutes celles qu'il pouvait verser. Enfin, d'une voix oppressée, il prononça des paroles qui le soulagèrent, et après avoir baisé les deux portraits à diverses reprises.

« Eh! quoi, poursuivit-il, j'aurais commis un crime atroce par faiblesse!... Oh! non, non, j'en étais incapable, elle n'avait pu me déterminer à devenir son complice... Je ne suis point coupable. J'ai voulu voir avant de l'être... et j'ai vu... et j'ignorais... Que ma science dans sa profondeur est vaine et trompeuse! Quoi! j'ai tant appris et je ne sais rien. Je me flatte de commander à des intelligences supérieures à l'homme, et l'histoire des miens n'était inconnue qu'à moi. Quelle est donc cette règle terrible qui, en nous laissant connaître la destinée des autres, nous interdit de lire dans la nôtre personnelle, qui nous isole dans une obscurité profonde de notre sort au milieu des clartés qu'elle nous accorde sur celui d'autrui? »

Le comte s'arrêta, puis fit quelques pas, et poursuivant son monologue.

« Ou madame de Pompadour consentira, ou malheur à elle... Que la réparation est grande de l'acte horrible qu'elle m'a demandé!... Si j'eusse cédé... affreuse pensée... j'aurais versé mon sang... Je peux satisfaire son ambition, j'ai des trésors qui feront de cet enfant l'égal des ducs, que dis-je! des princes, car qui dépasse ici bas ma puissance. »

Un cri terrible échappa tout à coup au comte, et, hors de lui..., égaré, en proie à non moins de consternation que de douleur...

« Malheureux, dit-il, n'ai-je pas vu naguère dans cette glace fatale que je brisai par pitié pour la marquise de Pompadour, que sa fille mourrait sans être mariée... et Géréon qui attache sa vie à celle de mademoiselle d'Etioles... Que ma science est funeste.. et les astres, que leur pouvoir est cruel...! »

Le comte se couvrit le visage de ses mains, réfléchit pendant long-tems, puis continua à parler à soi-même.

« Ne désespérons pas, on peut combattre une influence maligne....: ma longue existence doit-elle me laisser cette consolation ? Oh! qu'il est importun d'échapper toujours à la mort, lorsque d'autres succombent devant elle, ces autres qui nous sont si chers..... Ne dépend-il pas toujours de moi d'interrompre cette carrière prolongée? N'est-il pas tems que je me repose.... mais où?... »

Hélas! il arrive une époque funeste, où ce sommeil que nous attendons se change en un réveil terrible, où il nous faut payer cette science que nous fûmes si avides de posséder.... Quel sort m'attend dans un autre monde..... C'est un rideau qu'on ne tire jamais, sans voir au-delà un spectacle épouvantable.

Et un frémissement douloureux et de nouvelles angoisses assaillirent cet homme extraordinaire, et au lieu d'aller chercher le sommeil, il passa le reste de la nuit à des études pénibles, à des calculs magiques, et, plus d'une fois, des voix étranges et lugubres répondirent à ses questions impérieuses, sans que rien de ce qu'elles lui révélèrent le contentât parfaitement. Le jour le surprit dans ce travail occulte, et lorsqu'il le suspendit, ce fut avec un serrement de cœur profond et avec une désespérance poignante de cet avenir dont tous les voiles ne se soulevaient pas devant lui.

Voilà l'homme, il a toujours hâte de jouir du moment présent, et pour le satisfaire, il fait bon marché de son avenir à qui se présente pour le lui acheter. La chose à laquelle il semble tenir le plus, c'est à sa vie, et il se conduit néanmoins comme si elle devait finir au jour prochain, on se tourmente pendant un voyage si l'hôtellerie où l'on s'arrêtera, le soir venu, sera bonne, et l'on ne s'inquiète guère de celle où nous devons demeurer lorsque notre dernier jour sera venu. Quand la vieillesse arrive, on commence a s'en occuper ; c'est bien tard et souvent il n'est plus tems.

CHAPITRE IX.

L'ennemi le plus dangereux qu'on puisse avoir, est un ami qui se croit offensé.

Recueil de Maximes.

Les gens heureux ne se corrigent guère, ils croyent toujours avoir raison quand la fortune soutient leur mauvaise conduite.

Larochefoucault.

LES ESPÉRANCES TROMPÉES.

A l'instant où le comte de Saint-Germain entrait dans la chambre de la marquise de Pompadour, au château de Versailles, il rencontra le duc de Richelieu qui en sortait. Ce n'était pas l'allégresse qui se peignait sur la figure de ce courtisan, mais le dépit extrême, une rage concentrée dont il eut grand peine à se débarrasser, pour saluer gracieusement un homme qu'il savait être lié intimement avec la favorite. Le comte n'eut garde de paraître avoir aperçu cette variation instantanée qui venait d'avoir lieu dans les traits du duc et pair. Ce sont choses dont à la cour on fait son profit sans jamais les signaler par des paroles indiscrètes. Des complimens furent échangés de part et d'autre, et M. de Richelieu, en quittant Saint-Germain, lui dit du ton le plus gracieux :

« Je m'impose, Monsieur, une contrainte pénible en me retenant à vous annoncer le premier une heureuse nouvelle, mais je réserve ce plaisir à l'amitié que madame de Pompadour vous porte. Plus tard, je m'en réjouirai volontiers avec vous. »

Le comte, de son côté, dissimula l'impression pénible que lui causaient ces paroles de contentement prétendu, de la part du duc de Richelieu ; il se hâta néanmoins de répondre que le bonheur de ses amis et de ceux auxquels il portait du respect autant que de l'affection, contribuerait au sien, et tous les deux se séparèrent.

L'ordre était donné, dans l'antichambre,

de ne pas faire attendre le comte de Saint-Germain; aussi, dès qu'il se présenta, il fut introduit auprès de la marquise; il la trouva seule, vêtue avec autant de goût que de magnificence; elle portait une robe de satin blanc brochée d'or et semée de pavots rouges. Sa chevelure formait, au-dessus de sa tête, un double rang de boucles arrangées avec soin, elle avait un riche collier de diamans et à ses manches plusieurs rangs de dentelles. Le panier était d'une ampleur énorme, c'était, en un mot, le costume de dame du palais de la reine, fonctions dont la marquise était si glorieuse, et qu'elle avait mis ce-soir là, pour aller faire part, en cérémonie, à Leurs Majestés, du mariage prochain de sa fille avec le duc de Fronsac.

Les inquiétudes causées par l'incident des amours d'Alexandrine avec Géréon demeuraient momentanément suspendues, à tel point, elle comptait d'une part sur l'aide souveraine du faiseur de miracles, et de l'autre sur la légèreté, compagne inséparable de la jeunesse. Alexandrine, lorsqu'elle ne serait plus obsédée par la présence de son amant, tarderait peu à l'oublier, et comme la séparation voulue aurait lieu presqu'aussitôt, le mariage convenu n'éprouverait plus aucun obstacle. La marquise prévoyant tout ce qui pouvait survenir, avait décidé, en l'arrêtant avec le duc de Richelieu, qu'on ne le célébrerait qu'à la fin de l'année, au retour de la campagne militaire. Ce retard qui, en apparence, semblait être imprudent, provenait du besoin de tems qui serait nécessaire pour calmer la douleur de mademoiselle d'Étioles.

Jamais le comte de Saint-Germain n'avait été reçu de meilleure grâce et avec une expression plus bienveillante qu'il le fut ce jour-là; madame de Pompadour lui tendant la main et si remplie de sa propre joie, qu'elle n'aperçut pas la solennité des manières de monsieur de Saint-Germain et dit:

« Félicitez-moi, mon ami, et honorez-vous de votre propre ouvrage; tout a réussi selon mes vœux, la défaite imaginée peut-être par le duc de Richelieu pour éviter d'unir son fils à ma fille, sans se faire taxer d'ingratitude, a tourné à ma gloire. Lisez cette lettre de Sa Majesté l'Impératrice et Reine; peut-on mieux s'exprimer, pesez chaque parole, voyez comme toutes sont flatteuses; qu'ils étaient mal avisés tous ceux qui voulaient que je me défiasse de la sincérité des avances de l'auguste Marie-Thérèse; ma reconnaissance n'aura pas de bornes; ceux qui me servent peuvent compter sur moi. »

Le comte, sans répondre, prit la lettre qui lui était présentée, la parcourut d'un regard, et la rendit à la marquise.

« Il est dommage, dit-il, qu'elle arrive tard.

» — Elle arrive à point nommé, je n'ai pas perdu une minute; j'ai envoyé chercher M. de Richelieu, lui ai remis le paquet à son adresse de M. de Stainville, et où il se trouve une lettre non moins agréable de l'empereur. Dès lors, tout obstacle ayant disparu, il ne s'agissait plus que de régler les conditions du contrat; je lui ai laissé, sur ce point, carte blanche et il est parti enchanté, ou du moins ayant l'air de l'être, peu importe au fond qu'il le soit. »

La marquise, pendant qu'elle parlait ainsi, fit attention, néanmoins, à l'immobilité des traits du comte, et, attribuant ce jeu de physionomie au rôle qu'elle lui destinait dans cette affaire, crut convenable de le raffermir et poursuivant :

« C'est aujourd'hui, plus que jamais, que votre concours me devient ncéessaire; c'est vous, mon excellent ami, vous qui compléterez l'ouvrage de Leurs Majestés Impériales en me débarrassant....

» — Madame, répartit le comte en interrompant avec tant de vivacité la marquise qu'elle en ressentit un moment d'effroi; madame, j'ai rempli en partie vos intentions et venais vous faire connaître....

» — Que vous êtes mon sauveur...: ainsi ce téméraire....

» — Je l'ai vu, je lui ai parlé.

» — Qu'en avez-vous obtenu? cède-t-il? et à ce prix lui permettrai-je de vivre, ou bien, persistant dans sa folle audace, vous obligera-t-il à me sauver de lui?

» — J'ai d'abord, reprit Saint-Germain, en réprimant un geste de colère dont il n'avait pas été le maître, à tel point ses sentimens étaient exaltés ; j'ai d'abord employé la voie de la persuasion en remontrant à ce jeune homme l'obscurité de sa naissance, son isolement, sa position précaire, et en opposant à ce malheur l'éclat, la puissance qui vous environnent ; les avantages que la fortune a de mille manières répandus sur mademoiselle d'Étioles, et qui la placent aux yeux du monde si au-dessus du pauvre orphelin.

» — Et certes, vous n'avez dit que la vérité ; quelle a été sa réponse ?

» — Bien étonnante, Madame, car, en retour de cette humiliation dont je le couvrais, et des flots de lumière que je répandais sur votre fille, il m'a laissé pénétrer le mystère qui l'environne, s'est montré à moi, non comme un enfant abandonné, sans parens, sans patrie; mais tenant par sa mère à l'illustre famille des Paléologues, issues des empereurs de Constantinople et des marquis souverains de Montferrat, et, par son père, à un sang encore plus auguste, mais qu'il ne m'est pas permis de faire connaître, qu'à la dernière extrémité; enfin, à part le million que votre intendant tient pour lui en réserve, il en possède, je ne sais combien d'autres en aussi grand nombre qu'il serait difficile de les compter.

» — Et vous avez eu la patience, dit avec une expression dédaigneuse la marquise choquée de ce récit, d'écouter ces mensonges ridicules, et vous pouvez prendre plaisir à me les répéter; ah! Monsieur, dans la position des choses, ce divertissement ne peut me plaire, à moins qu'il ne soit suivi, ou d'une obéissance passive de la part de Géréon, ou d'un consentement formel du vôtre à m'aider à le punir justement.

» — Je n'ai pas l'usage, dans les circonstances sérieuses, à m'en écarter par des plaisanteries déplacées, répartit le comte en redoublant de gravité sombre et solennelle; tout ce que je vous rapporte est positivement certain; les preuves en existent, on les mettra sous vos yeux

» — Monsieur, s'écria la marquise frappée et du propos insistant et de la solennité de la physionomie du comte, encore une fois, quel jeu jouons-nous et savez-vous bien à qui vous parlez?

» — A madame la marquise de Pompadour.

» — Eh! bien, mon cher ami, reprit-elle en essayant de tempérer son aigreur précédente par une teinte de familiarité, ne me laissez pas en suspens davantage, et lorsque vous aurez assez persiflé la forfanterie coupable de cet enfant, vous me direz....

» — Qu'il est le fils d'une princesse Paléologue; que son père descend de plus haut, que sa fortune est prodigieuse; que le soin de sa tutelle me regarde, et que désormais celui de son bonheur m'occupera entièrement. »

Oh! pour le coup, ceci fut dit avec une telle inflexion, avec une insistance si profonde, que la marquise s'en épouvanta; que, passant d'une espérance fondée sur le concours du comte à la rapprocher du but où elle tendait, une frayeur extrême remplit son cœur et lui inspira des craintes dont elle entrevoyait à peine le motif.

« Que s'est-il donc passé d'étrange? demanda-t-elle d'une voix tremblante; quel prodige est éclos de cette mer d'obscurités? Tout ce qui se rattache à vous a une forme de mystère et une forme si bizarre, qu'on ne sait, en cherchant à l'expliquer, si on veille, si on rêve, et rarement vous venez à l'aide de notre ignorance. Ainsi donc, par un de ces jeux du hasard, ce jeune homme perdu dans la foule, dont vous avez presque promis de me délivrer, n'a eu qu'à vous parler, et vous voilà devenu son ancre d'espérance, et c'est contre moi que vous vous déclarez.

Ces derniers mots étaient déjà une menace; la favorite impérieuse ne pouvait concevoir que dans une lutte où elle se trouvait intéressée, ce fût contre elle que l'on se prononçât; déjà l'amitié dont elle se plaisait à parler, dont, à l'entendre, les marques infaillibles ne tarderaient pas à être prodiguées au comte, étaient sur le point d'être changées contre du dépit, et peut-être de l'animadversion, il faudrait pour cela peu de chose; ce n'est point que, superstitieuse au fond de l'âme, elle n'y éprouvât une sorte de terreur de ce changement inattendu dans ce qui formait son espoir. Cette certitude que l'être, objet particulier de sa haîne, grandissait soudainement lorsqu'on se préparait à l'écraser, et que non-seulement ce serait contre lui qu'il faudrait combattre mais encore contre un personnage extraordinaire à qui on supposait un pouvoir occulte et par conséquent dangereux ; tout se réunissait pour troubler la marquise et lui inspirer un effroi qu'elle ne pouvait vaincre.

« Je ne me déclare contre personne, repartit Saint-Germain, toujours sans sortir de cet aplomb d'autorité, qui prend tant d'influence lorsqu'on sait bien l'employer; je partageais votre mécontentement lorsque, dans l'amant de votre fille, je voyais une manière de bâtard, sans rien de ce qui procure un rang dans le monde, à part une fortune belle, parmi les communes, et peu en rapport avec celle de votre fille. Mais à présent que j'ai pu lire dans la vie de Géréon, et que je connais sa famille, j'admets la possibilité de ce que je croyais ne pouvoir pas être, et il me semble que lui accorder mademoiselle d'Etioles, ne serait pas rendre celle-ci infortunée, ni l'abaisser dans sa position.

» — Celà ne se peut et d'aucune façon, dit la marquise résoluement, je suis moins facile que vous à me laisser séduire par les fables qu'un adolescent débite avec assurance; d'ailleurs, je viens d'engager de nouveau ma parole d'honneur à monseigneur le maréchal de Richelieu : j'ai reçu la sienne en retour ; le roi est le garant de notre promesse respective, la nouvelle de cette union a déjà circulé dans la cour. La rompre à la suite de tous ces nœuds qui la lient déjà, ne se pourrait sans me rendre ridicule, sans me faire accuser de légèreté; il faut que l'héritier direct des Paléologues, des Montferrat et *d'une autre maison plus auguste* sur laquelle on ne s'explique pas (poursuivit la marquise avec ironie), porte la peine d'avoir retenu trop long-tems à part lui, le secret de sa haute naissance et de sa grande fortune.

» — Quant à ce qui est de l'obstacle que vous présentent les accords avec le duc de Richelieu, confiez-moi le soin de le lever ; dans une heure je vous rendrai une réponse satisfaisante de ce seigneur, je suis certain que je ramènerai également le Roi à consentir au nouvel hymen. Celui-ci, avant tout, par la qualité de l'époux, que vos envieux auront plutôt du regret que de la joie, de la rupture du précédent : vous voyez que j'ai répliqué à tout.

» — Hors à un point, Monsieur, car je ne connais pas encore pourquoi ce personnage si merveilleux, ne m'a rien dit de ce qu'il était, et a pu, malgré son orgueil excessif, demeurer auprès de moi dans un état de dernière servitude.

» — La raison en est sans réplique, et dès que madame la marquise me force dans mes derniers retranchemens, je lui dirai que Géréon était naguères dans une ignorance complète de sa destinée, et que, maintenant même, il n'en connaît encore que le peu que je lui en ai appris.

» — Vous, monsieur le comte?

» — Moi, madame.

» — Et vous flatterez-vous, que je reconnaîtrai là dedans un service d'ami? Est-ce d'ailleurs chose licite qu'accepter une conscience et puis vous élever contre moi? Votre prudence consommée ne vous a-t-elle pas montré combien ce rôle serait blâmable, et jusqu'où j'aurais le droit de m'en blesser?

« — Oui, vous auriez raison, si le fait se fut passé comme vous le dites, si je n'eusse accepté vos secrets que pour les trahir ; mais je jure sur l'honneur qu'avant-hier j'étais dans une ignorance sur ce point pareille à la vôtre. Les lumières qui me sont parvenues n'ont brillé que lors de ma dernière entrevue avec Géréon ; j'ai voulu savoir qui il était, et cela dans vos intérêts, j'ai interrogé les souvenirs d'enfance, ce qu'il a dit m'a mis sur la voie facilement. Tout semble obscur à qui ne sait rien de son sort : on lui parle, la moindre lueur devient un feu immense pour celui qui sait déjà une partie majeure de ce qu'on peut lui apprendre ; c'est ce qui est arrivé. Géréon, en outre, m'a montré le médaillon chargé de caractères cabalistiques qu'il portait ; pouvais-je méconnaître un bijou qui m'appartenait ; sur lequel j'avais moi-même gravé cette écriture mystérieuse? Je l'ai ouvert au moyen du secret qu'aucun de vous tous n'avez soupçonné, et son intérieur m'a fourni les preuves éclatantes de ce qu'il me fallait savoir; enfin un portrait que j'ai mis sous les yeux du jeune homme, m'a été signalé comme celui de son père prétendu, qui, en réalité, n'a été que son ravisseur. Voilà, Madame, ce qui a eu lieu; le reste n'a plus été qu'un jeu pour moi. Je sais tout ce que j'avais à savoir; Géréon, désormais, me sera plus cher que la vie. Ce que je possède lui appartient; je prends en main son appui et au besoin sa défense; et si, revenue pour lui à de meilleurs sentimens; si, persuadée qu'un tel gendre est mille fois au-dessus du duc de Fronsac, vous consentez à l'accepter pour fils, je mettrai sous vos yeux des témoignages irrécusables touchant ce que j'avance, et j'ose répondre que vous n'aurez pas à vous en repentir. »

La marquise écouta les yeux baissés, et avec une froideur apparente, les explications que donna le comte de Saint-Germain; sa perspicacité la fit aller au-delà d'une révélation incomplète. Elle soupçonna Géréon d'être le fils ou le proche parent de cet homme mystérieux; elle comprenait, dèslors, combien le comte avait de l'intérêt à obtenir pour lui la main de mademoiselle d'Étioles, et cela lui rendait suspect un personnage son ami jusqu'à ce moment. Elle était d'ailleurs fort peu touchée de l'éclat de sa naissance étrangère à la France, et qui ne lui accorderait jamais à Versailles le crédit dont y jouissait la maison de Richelieu. Qui, en outre, oublierait la sorte de domesticité dans laquelle Géréon se trouvait encore? Le comte de Saint-Germain, lui-même. qui était-il? Certains et en grand nombre le regardaient comme un charlatan et le qualifiaient tel; il lui faudrait beaucoup de tems pour obtenir une considération générale. Quant au point de la fortune, quelqu'étendue que celle-là pût être, madame de Pompadour se contenterait pour sa famille de celle des Richelieu; enfin, et ceci, attendu les inspirations irrésistibles du cœur humain, par dessus tous les autres griefs, elle détestait Géréon, et désormais sentait qu'elle craindrait son protecteur. Or, ce double sentiment devait à jamais l'éloigner de l'un et de l'autre. Ce fut lui qui dicta sa réponse et qui la précipita dans des actes dont elle fut cruellement punie.

« Monsieur le comte, dit-elle, je déplore sincèrement que tout ceci ne soit pas venu plus tôt à ma connaissance; peut-être que dans ce cas, j'aurais accepté Géréon pour en faire l'époux de ma fille; la destinée ne l'a pas voulu; croyez-moi, soumettons-nous à ce conseil indirect qu'elle nous donne, laissons aller les choses vers leur cours naturel; je suis sensible à l'honneur que vous me faites, néanmoins je ne l'accepterai pas, Le duc de Fronsac sera mon gendre; je l'ai décidé, je maintiendrai ce choix et toutes les instances seront vaines; n'en parlons plus. »

Le comte, au lieu d'obéir, entama une nouvelle attaque plus directe, rappela à la favorite l'amour mutuel des jeunes gens, le bonheur qui en serait la conséquence si on les rapprochait ; il se mit en scène, avoua une partie de ce qui était déjà deviné, parla de ses richesses prodigieuses ; des moyens qu'il avait de les augmenter, sans en tarir jamais la source ; fit reluire des avantages occultes dont madame de Pompadour aurait sa part. Ce fut sans succès, nous sommes opiniâtres dans notre volonté, et lorsqu'une idée fixe s'est emparée de nous, aucune autre ne la chasse, et notre obstination finit par nous assurer la victoire. La persistance du comte fut inutile et une fois que la terreur qu'il inspirait eût été surmontée, madame de Pompadour demeura inébranlable.

La conversation durait encore, lorsque le signal convenu annonça le roi. M. de Saint-Germain dut se retirer peu satisfait et se promettant néanmoins de combattre une obstination qui ne lui paraissait pas raisonnable ; il aimait déjà avec tant de vivacité celui qu'il avait retrouvé si nouvellement, qu'il faisait de le contenter dans son plus vif désir, une affaire personnelle au succès de laquelle il emploierait tout son pouvoir.

La marquise, de son côté, eût payé cher en ce moment le moyen de se renfermer dans une retraite absolue, afin de pouvoir réfléchir à ce qu'il fallait faire. Bien qu'elle se crût à couvert de la vengeance du comte, la superstition venait la tourmenter dans sa philosophie prétendue; elle sentait déjà que, dorénavant, la présence de Saint-Germain lui serait peu agréable, que, devant lui, elle serait gênée, et que s'il l'approchait dans l'intimité ordinaire, il aurait plus de facilité à la punir de sa résistance à ses vues, que s'il se tenait éloigné.

Ce fut la première pensée dont elle s'occupa dans le court intervalle qui sépara le départ du comte de la venue du roi; la seconde se porta sur Géréon, ce jeune homme qui lui était si odieux, et que la destinée semblait prendre un malin plaisir à lancer contre elle; il se trouvait partout où il lui convenait de ne pas le voir, et quand il lui avait fait l'injure la plus cruelle, le pouvoir de l'en punir lui serait enlevé; il faudra, au lieu de le perdre consentir à en faire son fils.

» Cela ne sera pas, se dit-elle, et puisqu'il a trouvé un appui, là, où je lui procurais un assassin, je saurai suffire à ma propre vengeance, et cet obstacle n'en disparaîtra pas moins, puisque je l'ai voulu. »

Le roi entra, il accourait se réjouir avec la marquise des nouvelles apportées de Vienne, quoiqu'au fond, il vit avec peine l'alliance contractée par les Richelieu; mais, avant tout, il voulait vivre en paix, et il avait prévu à quelles tracasseries on l'eût mêlé, si madame de Pompadour avait eu trop à se plaindre de son premier gentilhomme de la chambre; l'affaire, selon lui, tournait à bien, puisqu'il n'y aurait pas de discussion animée. Ce fut, avec plaisir qu'il autorisa aussi sur la demande de la favorite, le retour momentané du comte de Stainville.

« S'il vient, dit-il, on en fera peut-être quelque chose.

» — Si le roi lui confiait un travail important, il le remplirait avec autant d'affection que de mérite.

» — On verra, Madame, pourvu que celui-là tienne mieux ce qu'il annonce que votre abbé de Bernis.

» — Mon abbé, Sire, il est autant le vôtre que le mien ; c'est mon ami, et de plus, un parfait honnête homme.

» —C'est un fanfaron, répondit le roi, qui s'en fait trop accroire, je le trouve un peu ginguet pour le poste qu'il occupe, et lui, s'imagine être taillé dans l'étoffe d'un premier ministre.

» — Lui, Sire, cela me surprendrait fort.

» — La chose est certaine, néanmoins, répondit le roi en riant, mon abbé, puisque vous me le renvoyez, m'a remis hier un mémoire sur l'administration générale du royaume, il dit que, pour qu'elle marche bien ; que pour qu'elle concorde avec les affaires étrangères, il faudrait que tout pivotât sur un point central. Or, Ce point *central*, qui serait-ce si ce n'était monsieur l'abbé ? »

Un tel propos tourmenta sérieusement la marquise instruite déjà que son ami était peu avancé dans les bonnes grâces du roi ; elle avait aussi connaissance de cette tentative maladroite dont elle avait refusé de se charger auprès de Sa Majesté, parce qu'elle en prévoyait le mauvais résultat, et lorsqu'il éclatait elle essaya de le neutraliser en répondant que, par cette expression et ce projet, M. de Bernis avait entendu le maréchal duc de Bellisle.

« Oh ! non, repartit le roi avec un sourire moqueur, par *point central* M. l'abbé entend sa sublime personne ; vraiment, je crois qu'il conduirait bien la barque au milieu des difficulés prochaines que je prévois. . Je voudrais, poursuivit Louis XV, savoir ce qui adviendra.... si je consultais votre autre intime ?

» — Lequel, Sire.

» — Eh! l'homme aux prodiges, aux prédictions sinistres.

» — Lui! »

Et la marquise baissa les yeux.

« Vous en parlez d'un ton aussi laconique que froid.

» — Je pense que ses paroles de l'autre jour ont été plus qu'imprudentes.

» — Il est vrai, prédire à mes petits-fils le sort des Stuarts, c'est de l'audace au moins.

» — Tenez, Sire, je dois, avec pleine franchise vous avouer que, depuis ce moment, je vois moins favorablement ce Monsieur qui sort on ne sait d'où, et que si je pouvais agir à ma fantaisie je le prierais désormais de se tenir à l'écart.

» — Il est très-amusant et cause bien, j'aime à le trouver ici, pourquoi l'en bannir?

» — Telle n'est pas mon intention, mais la campagne s'ouvre; la guerre sera vive. Le roi de Prusse qui jalouse tant Votre Majesté, agira contre elle de toutes façons, soit par la voie des armes, soit par les négociations diplomatiques ; il serait bon d'avoir jusqu'à la fin de l'année un homme à vous et sans appareil qui pût aller en Hollande vers les rois couronnés du Nord, et même s'approcher de Frédéric II. Le comte de Saint-Germain, citoyen cosmopolite, ainsi qu'il se qualifie, me paraîtrait propre à remplir cette mission ; elle lui procurerait quelques titres à la reconnaissance du roi, et en même tems lui tiendrait lieu d'exil ; car, enfin, on ne peut se dissimuler qu'il n'ait manqué gravement à Votre Majesté.

» — En effet, répondit le roi, il en est peut-être quelque chose, sa prédiction a été inconvenante..; d'ailleurs, le châtiment est doux, une marque de confiance d'abord, et plus tard, une récompense ; c'est votre ami pourtant.

» — Ainsi je sacrifierais tous ceux dont le roi aurait à se plaindre. Le roi est mon Dieu sur la terre et je ne peux assez l'honorer d'hécatombes de ceux qui me sont le plus chers. J'aime monsieur de Saint-Germain, sa société comme à vous m'est agréable, mais puisqu'il s'est oublié...

» — Vous avez raison, il faut le punir sans qu'il s'en doute; il nous revienda corrigé et non boudeur. En vérité, je ne sais ce que je préférerais d'un ennemi véhément ou d'un ami qui me ferait la moue ; les gens fâchés à demi m'embarrassent plus que ceux dont la colère éclate. Dites à l'abbé de Bernis qu'il fasse dresser par de La Ville les instructions qu'on donnera au comte de Saint-Germain... prendra-t-il son audience de congé ?

» — Je pense qu'il vaut mieux qu'il parte sans revoir le roi, le châtiment sera là d'abord, et puis les espions du roi de Prusse en prendront moins l'alarme.

» — Bien, il en sera comme vous l'entendez..... Nous regretterons plus d'une fois monsieur de Saint-Germain ; il a de l'esprit, il conte à ravir et puis il a vécu avec tous mes ayeux; je vous assure que c'est là une plaisanterie excellente, il la soutient avec une hardiesse, un aplomb, une connaissance approfondie des hommes et des choses.... L'autre jour qu'il est venu dans mes petits appartemens, il m'a raconté les derniers momens de Saint-Louis, avec des détails si précis, si particuliers, que, pour les répéter, il fallait avoir assisté à la mort de ce saint roi. Je ne sais aussi quelle histoire plus récente de la famille des Paléologues il a mis sur le tapis... c'était fort intéressant ; il y avait un jeune couple dont le fils fut enlevé par un Sicilien jaloux, j'en ai été très-diverti, c'est dommage qu'il ne puisse pas vous la redire avant de se mettre en route. »

La marquise répliqua qu'elle était moins curieuse qu'empressée à servir et à venger le roi, et dès que celui-ci se fut retiré, après avoir tenu conseil dans sa chambre avec monsieur de Bellisle et de Bernis, elle retint celui-ci et, sans rien lui faire connaître de la vérité, lui enjoignit de dresser si vite les instructions de la mission imposée au comte de Saint-Germain, qu'il pût les recevoir pendant la nuit afin que son départ eût lieu après un délai de quelques heures.

L'abbé en vrai courtisan, ne mit aucun obstacle à la volonté de la marquise, non-seulement parce qu'il tenait à lui plaire, mais, en outre parce qu'il éprouvait une jalousie cachée et mélangée d'inquiétude sur le fait de l'intimité qui paraissait augmenter entre madame de Pompadour et le comte de Saint-Germain; il connaissait d'ailleurs le pouvoir de l'absence.

CHAPITRE X.

Quand le ciel veut perdre les sages, il les aveugle.

Sagesse des Orientaux.

...... *Parenti potiùs quàm amori obsequi Opportet.*

Térence, *l'Heyre*, acte III, scène 4.

Il vaut mieux obéir à la tendresse filiale qu'à l'amour.

ILS COURENT A LEUR DESTINÉE.

≫⊙≪

Madame de Pompadour, espérant cacher au comte de Saint-Germain une partie de la manœuvre employée pour l'éloigner de Versailles et de Paris, crut qu'il fallait lui écrire afin d'avoir l'air de n'être entrée pour rien dans ce petit coup d'état; il reçut, en effet, une épître bien tournée où la marquise disait que le roi, rempli d'estime pour ses talens, voulait les employer en une occurrence im-

portante. Les intérêts secrets de la France exigeant à l'étranger un politique habile, capable de les servir, Sa Majesté n'avait pu désigner un autre diplomate que le comte de Saint-Germain. » J'ai du regret, poursuivait
» la favorite que ce soit précisément à l'heure
» même où un mal-entendu nous a brouillés
» quelque peu, mais, il n'enlève rien à mon
» estime, à mon amitié; je vous les conserve
» dans leur plénitude, et, à votre retour, il ne
» vous sera pas permis d'en douter. Peut-être
» vaut-il mieux que vous ne soyez pas ici
» dans la circonstance présente, je ne chan-
» gerais rien à ce que je vous ai dit, et nous
» aurions l'un et l'autre un vif chagrin, vous,
» de ne pas me ramener à votre idée, et moi
» de ne pas vous contenter. »

Madame de Pompadour ajoutait par *post scriptum* qu'elle présumait que son *ami* emmènerait Géréon hors de France.

Cela fait, un autre soin l'occupa, celui le plus mystérieux, et qu'elle traita sans intermédiaire avec le lieutenant de police; il s'agissait de trouver pour le service du roi un homme déterminé, qui sût braver un grand péril par l'appât d'une énorme récompense. On le rencontra, il ne vit la marquise que déguisée, mais il ne vit qu'elle; une longue conférence eut lieu, elle se termina au gré de madame de Pompadour qui s'en revînt au château plus tranquille. Ceci n'eut lieu qu'après le départ du comte de Saint-Germain.

Géréon était trop impatient de connaître le résultat des démarches tentées par son nouvel ami, pour retarder de courir chez lui à l'heure qu'il lui avait indiquée; il fut vers la galerie et en traversant les pièces précédentes, il remarqua des préparatifs de départ; on faisait en hâte plusieurs malles et une voiture à demi chargée attendait dans la cour. Ceci l'intrigua, était-ce le comte qui s'éloignait; alors ceci devait être de mauvais augure pour ses propres espérances, il lui tarda de savoir ce qu'il en était, et le fait fut bientôt éclairci, car, dès qu'il eut paru devant le comte.

« Géréon, lui dit-il, êtes-vous un homme capable de supporter une grande infortune ; je le souhaite : vous ne serez pas le mari de mademoiselle d'Étioles ; sa mère a mis de l'opiniâtreté à vous refuser. Elle fait plus, elle me renvoie de France et sur-le-champ, car c'est ainsi que j'interprète l'ordre que le ministre des affaires étrangères vient de m'expédier au nom du roi ; une mission cachée m'envoie en Hollande et dans le nord de l'Europe, c'est en apparence des fonctions honorables qui me sont confiées, c'est en réalité un exil. La marquise me déclare la guerre, me jette le gant, je le relèverai ; voyez ce que vous voulez faire : on me conseille aussi de vous emmener avec moi. »

Géréon, qui voyait se détruire les illusions dont il se repaissait depuis deux jours, tomba dans un découragement extrême à la nouvelle accablante de son protecteur. Des larmes mouillèrent ses yeux, mais, cependant, il demeura peu sous le poids de cette faiblesse, et relevant son front qu'il avait d'abord abaissé !

« Monsieur, dit-il, je veux remplir ma destinée. Madame de Pompadour use de son pouvoir contre moi, et comme vous le dites, me déclare la guerre ainsi qu'à vous. Eh bien! de même que vous, je me sens capable de la combattre. Si j'étais demeuré dans ma position précédente, si j'étais encore un orphelin abandonné, ma délicatesse se serait opposée à détourner de son devoir mademoiselle d'Étioles ; mais, puisque j'appartiens à une famille illustre ; puisque ma fortune est au-dessus de l'ambition la plus extravagante, je peux, sans bassesse, sans être trop blâmé, accomplir mon vœu le plus doux. Alexandrine sera ma femme et pour cela je reste à Paris. »

Le comte de Saint-Germain essaya de détourner Géréon de cette résolution hasardeuse, lui montra les périls auxquels il se livrerait, que lui absent, il se trouverait sans soutien en cas de malheur ; le conjura de le suivre, de remettre à un tems meilleur une pareille entreprise.

« Tout est arrêté en moi, dit Géréon ; la liberté, la vie même ne me sont rien, si je dois être séparé de ma jeune amie. Que dis-je la vie, je n'en voudrais pas sans elle, et moi même je me la ravirais; procurez-moi seulement beaucoup d'or, je me charge du reste.

« — Il ne vous manquera pas, répliqua Saint-Germain ; mais mon fils (j'aime à vous donner ce titre), croyez qu'il ne suffit pas au succès de nos entreprises; la prudence passe avant tout; en aurez-vous assez. Si, du moins, je pouvais diriger vos démarches; mais non, il faut que je parte dans une heure, et j'ai la certitude que si je retardais mon voyage, des ordres sont donnés pour me contraindre à l'effectuer sur-le-champ. Ecoutez mes avis, Géréon, venez avec moi... Je vous promets avant peu de vous ramener en France: allons à l'étranger ; ce n'est que là que vous serez en sûreté.

L'obstination du jeune homme fut invincible, les prières, les menaces, les ordres du comte demeurèrent sans effet. Il ne put commander à une passion désordonnée que la résistance irritait. Géréon, ayant passé d'une sorte de servitude à une indépendance absolue, avait pris plus encore d'orgueil et d'opiniâtreté, ces deux défauts saillans de son caractère. Le comte, voyant qu'il ne dépendait pas de lui de l'entraîner par la douceur, ne crut point devoir employer la violence, doutant si elle pouvait réussir.

Un dernier moyen aurait pu être employé peut-être, mais celui-là devait être médité. Le comte de Saint-Germain, pour s'en servir, devait faire des révélations qui déplaisaient à sa prudence; il remit donc à plus tard, et il eut tort. Vaincu enfin par la tenacité véhémente de Géréon, il consentit à ce qu'il ne pouvait empêcher, et en outre d'une somme considérable qu'il remit en sa main, il lui laissa plusieurs billets de la caisse d'escompte montant à cent mille livres, et lui donna un diamant d'un prix encore supérieur. Cela fait, il l'embrassa tendrement, lui indiqua les villes où il pouvait lui écrire, monta en voiture et s'éloigna.

Géréon, demeuré seul et libre de ses actions, crut devoir rentrer à l'hôtel de la marquise de Pompadour, afin d'exciter moins la défiance de cette dame. C'était déjà l'exciter beaucoup que de lui désobéir en toutes choses, mais il ne craignait plus rien, l'impétueux jeune homme, depuis qu'elle lui avait fait la promesse de ne point attenter à sa liberté; il se fiait à une parole, ne jugeant d'elle que d'après soi, et ne comprenant pas que la nécessité de la défense justifie presque toujours les moyens dont on a besoin.

Ce qui aidait à soutenir la témérité de Géréon était la certitude d'avoir auprès d'Alexandrine un intermédiaire qui ne lui manquerait pas. Le jeune Alain, domestique de la maison de madame de Pompadour, demeurant attaché secrètement à lui, par amitié non moins que par intérêt; on ne l'avait pas soupçonné des services que déjà il lui avait rendus, et Géréon se flattait qu'au besoin il le retrouverait encore. Il ne s'agissait, selon lui, que de rentrer à Versailles, et, pour cela, il conçut un plan audacieux dans ses développemens et il se hâta de l'exécuter.

Il se mit sur-le-champ en route, arriva à Versailles, descendit droit au château, et, parvenu sans malencontre à l'appartement de la favorite, s'y introduisit, non par l'issue particulière, mais par celle du public; il s'adressa au premier valet de pied qu'il rencontra dans l'antichambre, et le pria d'aller sur-le-champ prévenir sa maîtresse qu'il était là, et qu'il venait lui parler au nom du comte de Saint-Germain.

Les précautions prises par madame de Pompadour, avaient dérobé à la connaissance de ses gens ce qui s'était passé entre elle et Géréon. Celui-ci, paraissait conserver sa position première, dont l'importance était même augmentée par la mission de confiance qu'il avait eu charge de remplir (on se rappellera du détour dont la Marquise s'était servie pour expliquer l'absence mystérieuse et l'apparition inattendue de Géréon), en conséquence, nul de ceux qui étaient là, ne l'auraient repoussé, ou obligé d'attendre que la Marquise sonnât, ainsi qu'on en agissait envers les étrangers.

Peut-être que le domestique auquel Géréon parla, s'étonna, en lui-même, du cérémonial inusité pour lui dont il usait dans cette circonstance, mais du moins ce qu'il put conjecturer, ne le poussa pas à refuser de porter le message qui lui était confié, et aussitôt que Géréon lui eut exprimé son désir, il partit pour le satisfaire.

La surprise de madame de Pompadour monta au plus haut point. Quel motif ramenait cet insolent jeune homme, quel message le comte de Saint-Germain lui aurait-il confié, serait-ce un refus de servir le Roi; serait-ce un acte de soumission enfin obtenue? Elle fut curieuse de connaître la vérité, d'autant mieux que les démarches auxquelles était mêlé le lieutenant de police, n'avaient pas atteint leur développement. »

« Que Géréon vienne, dit-elle, et puis ajouta : a-t-il besoin de se faire annoncer?

Le domestique revint donner sa réponse, et le jeune homme alla délibérément vers elle, qui, aussitôt son entrée :

« Eh bien! Géréon, qu'est-ce? Etes-vous devenu sage, puis-je vous rendre mon amitié.

« — Madame, dit-il, si vous complaire dans toutes vos volontés est le seul moyen de reconquérir vos bonnes grâces, je vois avec douleur que je ne les obtiendrai jamais ; monsieur de Saint-Germain, qui m'honore d'un intérêt auquel je ne me croyais aucun droit, a tenté d'obtenir en votre nom ce que je ne pourrais accorder à moi-même; il vient de partir avec le regret de n'avoir pu me vaincre, et en me réitérant l'assurance qu'un sang auguste coule dans mes veines et que mes richesses dépassent mes vœux ; il m'a supplié de le suivre, de chercher dans le travail une distraction à mon idée dominante. Je m'y suis refusé, c'est ici que je dois vivre et mourir.

La marquise fit un mouvement involontaire, mais sans parler, et Géréon continua :

« Vous ne voulez pas de moi pour second fils ; ma situation changée n'a fait aucune impression sur votre âme ; n'est-il rien que je puisse en obtenir, et me poursuivrez-vous avec rigueur si je persiste à séjourner en France et dans ces lieux où mon âme est enchaînée.

» — Qu'avez-vous à me dire de la part de M. de Saint-Germain ? demanda la marquise sans répondre à la question du jeune homme. Serait-ce un moyen employé pour parvenir à moi, pour continuer en ma présence le cours de vos folies ?

» — Le comte m'a chargé de vous dire qu'il remplirait les intentions du roi, qu'il comprenait sa disgrâce, et que, néanmoins, il la respecterait.

» — Le comte est un homme réfléchi, incapable d'imprudence, qui ne se heurte pas à plus fort que soi. Quant à vous, il n'en est pas de même; vous ne craignez ni de me déplaire, ni de me braver; vous revenez devant moi pour affirmer votre résolution de me contrarier. Quelle est votre espérance? de me convaincre, ne vous y attendez point; de m'attendrir, cela vous est mpossible; soumettez-vous à votre destinée, et il y aura des dédommagemens qui la rendront moins amère. Écoutez, Géréon, poursuivit la marquise, les dernières paroles que je vous adresserai : j'ai pitié de votre jeunesse et de tant d'inconséquence. Je tiens à conserver l'amitié du comte de Saint-Germain; j'en donnerai la preuve. Prenez trois jours, restez à Versailles, venez chez moi; j'aurai soin que vous n'y voyez que qui me conviendra. Ce délai expiré, vous viendrez me revoir et m'apprendrez ce que vous aurez résolu; si la raison vous éclaire, si vous comprenez enfin le péril qui vous menace en luttant avec moi; si vous partez aussitôt pour rejoindre le comte, une carrière brillante vous sera ouverte, je me plairai à vous la faire parcourir rapidement; mais si je vous retrouve le même, n'accusez désormais que votre opiniâtreté des maux qui pèseront sur vous. N'en calculez surtout l'étendue que d'après votre désobéissance et que par la grandeur de mon autorité. Ne me répliquez-pas.... Sortez ! »

Un geste impératif accompagna ces paroles. Géréon se conforma à l'ordre qui lui était intimé, et la marquise s'étonna plus que de tout ce qui avait eu lieu déjà, de la joie qui, en ce moment, éclata sur le visage du jeune homme. Vainement chercha-t-elle à en saisir le motif, il échappa à ses réflexions et à ses conjectures.

Quoi qu'il en fût, sa détermination était prise. Géréon disparaîtrait sans retour si son entêtement n'avait pas de bornes; il le fallait, car ce même jour qu'elle lui avait fixé définitivement pour régler leur position respective, était celui où le duc de Fronsac serait présenté à Alexandrine, en qualité de futur époux.

Il y a une infatuation dangereuse en ceux qui possèdent beaucoup d'autorité; celle que tout doit finir par s'accommoder à leur fantaisie, que chaque obstacle a un terme, et principalement ne peut se prolonger au-delà du point où il leur convient qu'il finisse. La marquise demeurait persuadée que, du moment où Géréon aurait disparu, l'obéissance d'Alexandrine serait certaine. Cette jeune fille, depuis qu'elle avait cessé de voir Géréon, se maintenait néanmoins dans une mélancolie dont ses alentours ne pouvaient se rendre compte. Ce n'était plus qu'avec une nonchalance extrême qu'elle poursuivait le cours de ses études. Loin de demander à sortir, à voir ses amies, ou à les appeler à elle il fallait la vaincre pour l'arracher à sa morosité. Ses yeux ne brillaient plus d'une joie expansive, toujours sombres, souvent troublés par des larmes, ils étaient constamment baissés. Déjà la majeure partie de ses couleurs si fraîches, si rosées, avait disparu. On la voyait dépérir vite et on s'étonnait que la marquise s'en étonnât peu.

Ce changement fâcheux n'échappait point aux regards de madame de Pompadour; mais comme la cause lui en était connue, elle savait que celle-ci, avant la guérison probable, devait disparaître, et elle éludait de s'occuper activement de ce qui lui présenterait encore trop d'obstacles. Cependant, à peine Géréon, cette fois, fut sorti, que la marquise prenant une résolution arrêtée avec toute l'énergie dont elle était capable, se rendit dans la chambre de sa fille, ayant à l'avance fait sortir la gouvernante et la femme de service qui étaient là.

Alexandrine, assise devant un clavecin, promenait machinalement ses doigts sur les touches dont elle tirait, non un air suivi, mais des sons lugubres, en harmonie avec l'état de son âme. Parfois, elle s'interrompait, tout entière aux rêveries que l'amour inspire, et puis, comme pour les éloigner, fatiguait l'instrument, en lui demandant des accords bizarres. La marquise demeura quelques minutes attentive à examiner les gestes de sa fille, et sa physionomie altérée qui se réfléchissait dans une glace placée en face du clavecin. Pour la première fois, elle se sentit frappée du ravage physique occasioné par la chaleur d'une passion contrariée.

Alexandrine demeurait dans sa méditation profonde sans soupçonner la présence de sa mère. Celle-ci, lasse de la contempler, et souhaitant arriver à une solution du problème auquel toutes les deux tendaient, par des voies diverses, s'avança, fit du bruit.... Mademoiselle d'Étioles leva languissamment sa tête penchée jusqu'à lors, et à l'aspect de sa mère, un léger coloris couvrit son visage.

« Tu parais souffrante, lui dit la marquise en l'embrassant. A quelle époque reviendras-tu à la douce gaîté de ton âge, aux plaisirs dont tu peux jouir, à la tendresse que tu me dois et dont tu me prives ; chère enfant, toi qui faisais ma gloire et mon espérance, pourquoi me priver de tous les biens que j'attendais de ton attachement ? »

Un soupir, un sourire triste, furent la réponse de la jeune fille. Son front retomba complètement décoloré sur le sein maternel, et des pleurs inondèrent celui-ci.

« Voilà donc comment tu t'exprimes, c'est ainsi que tu te justifies en me déchirant ; ah ! ma fille, était-ce ce que je devais attendre de toi ?

» — Je souffre cruellement, répartit enfin Alexandrine d'une voix affaiblie ; ma tête est brûlante, ma poitrine desséchée, j'ai froid cependant.... je suis bien malheureuse ! ma mère, et votre enfant va descendre au tombeau. »

Ces paroles retentissant douloureusement dans le cœur de la marquise, le brisèrent et ne la changèrent pas ; elle répliqua en tâchant de comprimer son émotion :

« Lorsqu'au lieu de lutter contre sa propre faiblesse, on s'y abandonne en désespérée, on ne trouve en soi-même aucun secours pour la dompter ; mais lorsqu'on en emprunte à l'énergie, on la surmonte et on guérit.... : cherche à faire ce que je te conseille, triomphe de ton accablement. Au reste, tu n'auras plus guère le loisir de t'y livrer. De nombreuses distractions vont t'être offertes, et tu n'auras qu'à choisir :

» — Je veux rester seule.

» — Alexandrine, cela ne peut être ainsi, ton sort est fixé, ne le contrarie pas. J'ai promis solennellement ta main au duc de Fronsac; il viendra sous trois jours nous faire sa première visite, s'engager à te rendre heureuse et tu le seras, ma fille, car tu ne quitteras plus la cour. Tu prendras part à toutes ses fêtes, à tout ce qui l'anime; tu obtiendras la survivance de ma charge, et la première qui viendra à être créée dans la maison future du fils aîné de monseigneur le dauphin, te sera bientôt assurée; ce sera le cadeau de noces du roi.

» — Qu'en ai-je besoin, dit Alexandrine

votre tendresse me suffit aujourd'hui, et plus tard....

» — Tu m'obéiras si je te suis chère ; que peu de tems s'écoule, et tu auras oublié la folle passion, celui qui te l'a inspirée, le séducteur de ta jeunesse.... il cesse enfin de poursuivre son manège coupable; il me délivre de sa présence et quitte le royaume où il n'aurait jamais dû venir.... à cette condition accomplie, je veux bien lui pardonner, lui sauver les horreurs d'une prison perpétuelle; mais malheur à lui s'il me trompait.... Que dis-je, poursuivit la marquise en s'apercevant de la faute que sa vivacité lui faisait commettre, Géréon a compris son tort, sa folie, et il l'expie par une soumission absolue, fais comme lui et tu t'en trouveras bien.

» — Il part ! s'écria mademoiselle d'Étioles, est-ce bien possible ?

» — Tu en doutes ?

» — Il part ! et je ne le reverrai plus ! !

» — Il se résout à ce grand sacrifice parce qu'il en sent la nécessité.

» — Il part!! répéta Alexandrine, eh! bien, mon âme le suivra, car elle ne demeurera pas long-tems dans les liens qui la retiennent. O! ma mère, voyez votre fille à vos genoux (et elle s'y tint), ayez pitié de son amour, de son extravagance, de son délire, tout comme il vous plaira de qualifier le sentiment qui la domine; songez que sa violence est telle qu'il supportera une résistance sans bornes, qu'il épuisera les sources de ma vie. Non, vous ne pouvez concevoir jusqu'où mon cœur s'élance et la vivacité de la flamme qui le contient. Vous en doutez, il vous semble l'effet d'un caprice, eh! bien, vous changerez d'idée lorsqu'il ne sera plus tems.

» — Je vois, répartit la marquise épouvantée de cette impétuosité, qu'il est urgent de rompre une folie qui achèverait de te perdre; que toute indulgence maintenant deviendrait funeste pour l'avenir. Je n'ai que trop donné le loisir à cette passion frénétique de s'accroître et se développer.

» — Ma mère, dit la jeune fille, vous voulez ma mort, je vous la promets; et prompte, mais avant qu'elle vienne, accordez-moi une grâce, laissez venir ici Géréon, une seule fois, que je le voie devant vous, ma fin en sera moins amère, j'aurai pu l'assurer de ma fidélité.

» — Si vous m'eussiez demandé une telle entrevue dans le dessein d'apprendre à ce présomptueux votre soumission; j'aurais pu avoir égard à cette fantaisie, mais ne vouloir en être rapprochée que pour le confirmer dans son audace, que pour vous maintenir dans votre rébellion, c'est ce qui ne sera point.

» — Je ne suis donc pas aimée de ma mère? et mon désespoir et ma fin si prochaine ne la touchent donc pas?

» — Ah! cruelle! dit enfin la marquise avec véhémence, est-ce toi qui a droit de te plaindre ou moi? tes reproches sont donc injustes. T'imagines-tu que je voie avec tranquillité et sans souffrances de corps et d'âme ton délire, l'oubli de tes devoirs, de ta candeur, de ta tendresse envers moi? Ai je des torts, et n'es-tu aucunement coupable? Les miens consisteraient dans mon refus de couronner une ardeur insensée, dans une résistance à accepter un enfant obscur pour gendre, lorsque cette place est demandée pour l'héritier d'une des premières familles de la cour; et toi, quel nom donneras-tu à cette passion déshonorante, née dans les ténèbres, et en punition de ma confiance; passion dont l'étendue m'effraie, dont les gages sont peut-être déshonorans? Et tu te crois innocente! et tu m'accuses! Ma faute est dans ma bonté; je fus trop indulgente; je ne le serai plus. Je rentrerai dans mon autorité, et malheur à celui qui t'égare; si tu persistes dans ta rébellion envers moi. »

C'était la première fois qu'Alexandrine entendait de telles paroles sortir de la bouche de sa mère. Jusqu'alors enfant cajolée, caressée dans tous ses désirs, ses caprices, elle avait cru que ses volotés devaient être des lois impérieuses, et maintenant, il fallait sortir de cette illusion pour rentrer dans une soumission positive; il fallait remplacer les caresses, l'amour maternel par les reproches et les menaces; son cœur s'indignait et s'affligeait en même tems de cette position nouvelle; elle n'était pas non plus sans inquiétude sur les conséquences de la colère qu'elle provoquait, elle savait l'étendue du pouvoir qui se souleverait contre Géréon, et manifesta sa frayeur par les expressions de sa réponse.

La marquise reconnut avec joie ce qui agitait sa fille, et loin de la satisfaire en promettant d'épargner son amant, redoubla de vivacité en parlant de ce qu'elle appelait son crime.

« Oui, dit-elle, quoiqu'il arrive, je serai vengée de celui qui m'enlève ton amitié, qui te soustrait à mon obéissance.

» — Oh! grâce pour lui ma mère!

« — Un cachot éternel.

» — Que je meure plutôt.

« — Ta mort ne me rendrait que plus inplacable.

» — Pardonnez-lui !

« — A une condition. Qu'il parte, qu'il renonce à toi !

» — Il ne le fera jamais, j'en suis certaine.

« — Eh ! bien, il sera puni, et sur-le-champ.

La marquise fit un pas vers la porte de la chambre, comme si elle eût voulu courir au châtiment du coupable. Alors, Alexandrine se précipitant avec rapidité en avant et pour lui couper le passage, tomba encore à genoux, entrelaça ses bras dans la robe de sa mère, et avec un accent qui aurait ému un marbre insensible :

« — Qu'il soit libre, dit-elle, qu'il n'ait pas à déplorer ma faute ; consentez à ce qu'il puisse s'éloigner sans être retenu ; jurez-moi, quoiqu'il arrive, que votre colère ne s'étendra pas sur lui, et, en retour, je fais le serment de m'immoler à vos volontés, quelque soit le sacrifice qu'il vous plaise d'exiger d'une infortunée.

« — Oh ! ma fille ! Est-il possible que tu puisses tant l'aimer ! par quelle fatalité s'est-il emparé à ce point de ton âme... Si tu peux redevenir raisonnable, si tu m'écoutes dans mes projets pour ton bonheur, je ne vois pas pourquoi je me montrerais inexorable envers lui. J'aurai sans doute pitié de sa folie, aussitôt que tu travailleras avec activité et franchise à te guérir de la tienne. J'accepte donc la condition que tu me proposes, mais demain ou le jour suivant au plus tard, tu recevras le duc de Fronsac en déguisant ce qui t'égare ; si tu me trompes, malheur adviendra à qui le mérite, réfléchis et décide-toi.

» — Je vous obéirai, répartit Alexandrine. »

Et ce dernier propos épuisant sa force, ses mains se détachèrent de la robe de la marquise qu'elle retenait toujours; celle-ci se penchant la releva presqu'inanimée et la porta sur son fauteuil où elle demeura insensible et comme privée de vie.

CHAPITRE XI.

..... *Furor arma ministrat.*

VIRGILE, *Enéide*, livre 1.

La fureur se fait des armes de tout ce qu'elle rencontre.

Chacun de nous croit sa cause la plus juste. L'amour et la haine, en particulier, sont aveugles et sourds.

Recueil de Maximes.

LA SALLE DES ARMOIRES.

Madame de Pompadour, cette fois, crut avoir triomphé pleinement : elle se retira certaine de la soumission de sa fille, le cœur enivré de joie, elle forma des plans d'ambition pour l'avenir. La maréchale de Mirepoix survenant, fut la première à la féliciter sur le prochain mariage d'Alexandrine et lui confia sous le sceau du secret que les deux tiers de la cour en éprouvait un violent dépit. Ceci augmenta la satisfaction de la marquise ;

elle sut que le bruit d'un tel hymen ayant déjà percé, des paris avaient eu lieu qu'il ne s'effectuerait pas, que chez monseigneur le Dauphin on prétendait que jamais le duc de Richelieu ne consentirait sérieusement à une telle alliance.

« Elle est pourtant assurée repartit la marquise ; après demain la première entrevue s'effectuera, les fiançailles suivront immédiatement, et la noce devenue positive, se terminera aussitôt le retour du maréchal, de la campagne qui va s'ouvrir ; je vois quelle sera la douleur de mes ennemis, s'ils persistent dans leur haine, qu'ils ne soient pas surpris si je pèse sur eux de tout mon poids! »

Le reste de la société survint; chacun de ses membres mêla ses félicitations à celles de madame de Mirepoix, et à son exemple, par des propos malicieux, excita la marquise à s'opiniâtrer plus que jamais à pousser à bout son ouvrage. Qui désormais le ferait manquer? Alexandrine y donnait son consentement, et s'attacherait d'autant plus à obéir, que Géréon ferait de nouvelles folies ; tous les actes d'hostilité de ce dernier deviendraient, loin de nuire, autant de gages que celle-là persisterait dans sa soumission.

La scène décrite au chapitre précédent s'était prolongée ; Alexandrine, de plus en plus épouvantée sur la sûreté de son amant, avait renouvelé les assurances de l'abandon qu'elle faisait de sa personne aux volontés de sa mère ; elle aurait souhaité, pour condition unique, qu'il lui fût permis, de revoir une fois Géréon, afin, disait-elle de l'engager à la patience, et de le délier des sermens de son amour. La marquise refusa vivement d'accéder à cette fantaisie, et se maintint au ton de la colère jusqu'à la résignation obtenue pure et simple de la part de mademoiselle d'Etioles. Celle-ci avait cédé enfin et tout semblait fini. La Marquise n'en doutait pas, d'autant moins qu'elle le désirait, et que nous sommes toujours forcés à admettre en réalité la chimère poursuivie par l'un de nos désirs.

La nuit approchait, Alexandrine, accablée

sous le poids de sa douleur, s'était approchée d'une fenêtre qui donnait sur le parterre, elle semblait examiner le tableau mouvant que présentait ce beau jardin parcouru sans cesse par une foule nombreuse d'habitués du château ou de curieux étrangers, lorsque le hasard fixa ses yeux sur l'un des domestiques de Collin, le jeune Allain, qui avait été attaché au service de Géréon. Celui-là passait et repassait sur la terrasse, et son œil demeurait constamment fixé sur les croisées de l'appartement de madame de Pompadour.

La vue de ce jeune homme, rappela Géréon avec une nouvelle vivacité à la triste Alexandrine. Elle suivit avec intérêt ses mouvemens compassés; et de quelle émotion son âme fut atteinte, lorsqu'Allain s'apercevant qu'elle le distinguait parmi la foule, lui montra un papier qu'il fit disparaître aussitôt, et en même tems reprit sa course comme s'il eut voulu rentrer.

Alexandrine dont la pâleur était excessive une seconde auparavant, se recula de la croisée, ayant déjà le visage en feu, et la respiration plus oppressée. C'était un message de Géréon; fallait-il en douter, que lui voulait-il? Comment le recevoir? une surveillance active l'environnait encore conformément à la volonté de madame de Pompadour, cependant on ne la montrait point, on essayait de la cacher afin de ne pas lui causer de la peine, et parfois elle parcourait en liberté les pièces vastes de l'appartement. Enfin il y en avait une, sorte d'asile à tous les coffres, les cabinets, les armoires où étaient enfermés les parures, les objets de prix de la mère et de la fille. Celle-ci pouvait y aller librement, et une porte de cette salle avait son issue sur le couloir de dégagement.

Croyant ne pas manquer à sa parole engagée, car, recevoir une lettre de Géréon, n'était pas, selon elle, refuser la visite du duc de Fronsac, Alexandrine courut vers cette pièce, espérant que ce serait là où se rendrait le messager de son amant. Elle y arriva avant lui, se mit à ouvrir divers tiroirs, et à chercher parmi ses parures, occupation d'ailleurs innocente, si elle y était surprise, et dont ne se formaliseraient nullement les femmes attachées à sa personne, tout cela lui semblait naturel. Il est grand en effet le respect que nous portons entre nous à ce qui s'appelle chiffonner, car c'est ainsi qu'on distingue ce travail toujours important.

Alexandrine était là depuis quelques minutes qu'elle prenait pour des heures, à tel point elle souffrait de son impatience, et des douleurs de l'attente, lorsque la porte du corridor noir fut ouverte avec précaution. Allain se présenta d'abord, et jeta autour de lui des regards inquiets, et voyant Alexandrine seule, il courut à elle, lui remit la lettre qu'il portait, et se reculant promptement, disparut aussi vîte qu'il était venu.

L'écriture de Géréon était familière à mademoiselle d'Étioles, qui l'aurait d'ailleurs reconnue aux émotions de son propre cœur. Elle se hâta de la lire en se retirant contre le volet d'une armoire énorme qui contenait des robes de grandes parures, et son émotion manifesta l'amour qui ne cessait de l'agiter.

« Alexandrine: Il faut que je meure ou que
» je te voie. Me refuseras-tu ce dernier bon-
» heur? Si tu m'aimes la réponse sera favorable.
» Si tu me refuses, rappelle-toi que tu me
» donnerais le trépas. J'ai un moyen assuré
» pour pénétrer dans l'appartement de ta
» mère, si tu pouvais aller cette nuit à une
» heure du matin de ta chambre dans le petit
» entresol qui est au dessus et où l'on arrive
» aussi par un degré noir conduisant au pas-
» sage caché, tu m'y trouverais. Il faut que
» je te parle, il le faut, ou bien demain à ton
» réveil, sous tes fenêtres, j'en finirai avec
» la vie. Frappes deux fois dans tes mains
» en signe de consentement, ce sera moi qui
» entendrai ta réponse, car je serai dans le
» corridor voisin. »

Il aurait fallu une autre prudence que celle possédée par Alexandrine, et surtout beaucoup moins d'amour pour qu'elle cédât non aux prières de son amant, mais aux injonctions de la sagesse. Ce fut un vrai délire que celui dont elle demeura saisie en apprenant que Géréon était aussi près. N'écoutant plus que cette passion désordonnée qui égare à tout âge, et dont les conseils sont autant de fautes, ne se rappelant plus la promesse faite à sa mère, ou plutôt prenant un plaisir funeste à la parjurer, l'insensée au lieu de répondre par le signal qui lui était demandé, fit plus, et oubliant toute raison, toute retenue, courut à la porte par où Allain venait de disparaître, l'ouvrit, et au moment où elle allait appeler Géréon, se trouva face à face de lui, non vêtu de ses habits ordinaires, mais de ceux de notre sexe et le visage à moitié couvert de sa coiffe, surmontée du capuchon, de son mantelet.

Cette figure étrange qu'Alexandrine ne s'attendait pas à rencontrer, la troubla; un cri étouffé lui échappa, mais la voix bien connue de Géréon, et la vivacité qu'il mit à lui prendre les mains et à la supplier de se taire, fit succéder en elle un plus doux sentiment à celui de la terreur d'abord manifesté. Elle entra dans la salle ne pouvant commander à sa joie, ni retenir ses larmes. Géréon la suivit; et elle, supérieure à sa position, une fois qu'elle l'eût bien connue, se hâta, sans parler, de conduire son amant vers l'armoire, où elle s'était retranchée, pour lire la lettre et la plaça parmi les robes dont elle était remplie et parvint à l'y cacher de manière à ne pouvoir être aperçue que dans le cas d'une recherche positive.

Tout cela eut lieu vite, et avec une telle action que le geste suppléait aux paroles; mais lorsque le jeune fille vit Géréon en sûreté, lorsque son énivrement eut pris fin, et qu'elle calcula l'importance de l'action qu'elle venait de commettre, son cœur fléchit, et elle serait tombée si Géréon ne l'eût retenue, tandis qu'elle versait des larmes; et que lui la rassurait par des paroles remplies d'amour.

C'était avec délice qu'elle l'entendait, avec passion que ses réponses étaient dictées. Oh! pour cette fois moins encore que tantôt, le

souvenir de ses devoirs venait l'importuner;
tout entière à sa flamme, au plaisir inespéré
de revoir Géréon, à tout ce qu'il bravait pour
jouir un instant de sa vue, serment, péril,
tendresse filiale, il n'y avait plus rien dans ce
cœur, hors ce qui se rapportait à Géréon. Celui-ci, non moins impétueux, couvrait de baisers les belles mains qu'il ne cessait de retenir
dans les siennes. Il conjurait Alexandrine d'a-
voir pitié de lui, d'éviter de le jeter dans le
désespoir, et surtout de le conduire à la mort,
elle serait disait-il inévitable si elle se refusait à
écouter ce qu'il lui proposerait.

Alexandrine voulut savoir ce qu'il souhaitait avec cette véhémence. Alors redoublant
d'énergie, employant toute l'éloquence si puissante sur un jeune cœur, il lui fit le tableau
rapide de sa situation nouvelle. Ce n'était pas
celle d'un orphelin obscur, sans biens qui
l'attachassent au monde; Géréon n'avait pas à
rougir de sa naissance et il ne se qualifierait
plus de bâtard; il appartenait aux premières
familles du monde, aux anciens empereurs

de Constantinople, aux vieux marquis de Montferrat du côté de sa mère; sa naissance paternelle était auguste, au dire du comte de Saint-Germain, et sa richesse prodigieuse. De tels avantages le rendaient supérieur au duc de Fronsac, à tout autre époux cherché parmi les seigneurs de la cour de France.

La marquise, poursuivit-il, sait tout ceci; son refus constant est une opiniâtreté blâmable. A quel motif sacrifie-t-elle le bonheur de sa fille ; cette obstination est-elle juste et sage, ne convient-il pas de la forcer puisqu'il y a nécessité? Géréon partit de là pour conjurer son amie d'aider à contraindre sa mère à revenir à de meilleurs sentimens. Enfin au milieu d'une multitude de préparations, et de motifs habilement groupés, le mot de fuite se fit place, et bien qu'il contrista Alexandrine, il ne lui inspira pas l'horreur qu'elle aurait dû en avoir.

Il est une chose certaine, et que, dans le monde, les familles de haut rang ne méditent pas assez, c'est la contradiction étonnante qui existe entre la fierté que l'on cherche à inspirer aux filles de bonnes maisons, et la facilité prodigieuse avec laquelle celles-ci cèdent aux inspirations de l'amour. Plus nous autres femmes sommes élevées, moins il faut compter sur notre réserve; il semble que nous prenons plaisir à franchir les barrières dont on nous environne. Est-ce la dissolution des cœurs? Non, certes, c'est faiblesse de l'âme, c'est ignorance du danger. Comme on ne nous parle jamais de lui, on ne nous en fait pas connaître l'étendue, et nous cédons presque sans résistance parce qu'on a négligé de nous apprendre à soutenir le combat. Une personne du commun, a sous les yeux l'exemple de ses compagnes, s'instruit de leur faute, voit les filets où elles se sont laissées saisir, passe à côté, et son expérience l'écarte du malheur. En avons-nous d'aucune façon? L'ignorance qui est le partage de notre jeunesse, nous pousse en aveugles vers l'abîme, et quand on y a trébuché, on blâme la coupable. N'aurait-il pas mieux valu lui enseigner comment il fallait faire, pour se soustraire à son penchant involontaire mais naturel?

Cette longue préparation m'a paru nécessaire pour excuser Alexandrine, qui au lieu, ai-je dit, de repousser avec indignation ce que lui proposait son amant, ne lui opposait qu'une résistance molle, remplie du désir de céder, et ne provenant que de cet instinct de pudeur qui ne trompe jamais. Le motif, qui plus que tous les autres, la décida peut-être, fut précisément ce qu'elle avait promis à sa mère. Elle savait que, sous deux ou trois jours au plus tard, le lendemain même, et ce serait possible, on l'engagerait irrévocablement au duc de Fronsac. La frayeur d'un tel hymen, l'impossibilité de le rompre et de l'éloigner, puisque Géréon était décidé à demeurer exposé à la colère de la marquise, déterminèrent mademoiselle d'Etioles à accorder le consentement qu'on lui demandait avec tant de chaleur.

A peine eut-elle lâché cettte parole imprudente, que Géréon la serrant dans ses bras avec encore plus d'amour, et par ses baisers de feu, achevant d'énivrer la jeune fille, lui dit :

« Eh bien ! partons sur-le-champ.

« — Aussitôt, répondit Alexandrine toute tremblante, mais comment faire, on me verra sortir du château, il y a tant de gens qui me connaissent.

« — Ne voilà-t-il pas, dit Géréon en soulevant un mantelet de satin noir, une sauvegarde contre la curiosité indiscrète. Le jour tombe; les détours qui nous conduiront hors d'ici, ne sont guères fréquentés en ce moment. J'ai une voiture attelée qui nous attend sur la place d'armes ; nous arriverons à Paris avant qu'on sache la route qu'il faudra prendre pour nous suivre. Là, j'ai un asile que nul ne devinera; nous y attendrons que notre trace soit perdue et, pendant ce tems, le comte de Saint-Germain arrangera avec ta mère un mariage devenu indispensable, et nous serons heureux.

Tout cela était peut-être fort mal combiné,

les mesures pourraient manquer de succès, mais au jeune âge, on est si certain de ce qu'on désire, on commande si impérieusement à la destinée, que lorsqu'elle manque on s'en étonne avec autant de surprise et d'irritation, que si on avait conduit la partie selon les règles d'une prudence consommée.

Ni Alexandrine ni son amant ne cachaient les chances probables d'un tel coup de tête; comment ils pourraient échapper aux recherches de la police, qui, tout entière, s'attacherait après eux. Était-il même à présumer que la sortie de Versailles et du château serait facile? non, sans doute, et cependant ils s'en flattaient, et dans le délire de leurs passions ne songeaient aucunement que cette tentative insensée, lors même qu'elle serait contrariée avant son entière exécution, romperait aussitôt tout projet d'alliance entre les Richelieu et la famille Lenormand d'Etioles. Géréon avait trop d'élévation d'âme pour avoir entrevu ceci; il ne prétendait qu'à obtenir Alexandrine au moyen d'un succès complet et non en conséquence de sa réputation flétrie et perdue.

La jeune fille, à mesure que Géréon parlait, adoptait ses idées en prenant du courage et ne doutait point que le sort ne les servît à souhait. Elle prit des mains de Géréon le mantelet noir qu'elle mit par-dessus sa robe, et moitié pleurant, moitié joyeuse, soit qu'elle pensât à sa mère, soit qu'elle se vît affranchie d'un hymen odieux, elle se résolut à s'abandonner à une détermination qui l'eût bien autrement effrayée, si elle avait eu le loisir de la méditer.

Tout attachés à leur projet, ils avaient oublié le reste de la terre, ils ne se ressouvenaient plus en quel endroit ils se trouvaient, ni des périls à courir, ni de la surveillance à laquelle Alexandrine était soumise. Celle-ci déjà aurait dû faire attention que son absence hors de sa chambre, se prolongeant outre mesure, pouvait provoquer l'inquiétude de sa gouvernante, ou des personnes attachées à son service; mais qui pouvait la détourner de son amour ou de son amant ? Géréon, de son côté, non moins imprudent, ne calculait pas mieux ; il voyait déjà la distance franchie sans malencontre qui les séparait de la voiture, il se croyait arrivé à Paris, dans la maison où il s'était procuré un appartement, grâce au concours d'Allain et à l'or point épargné.

Alexandrine avait revêtu le mantelet qui la déroberait aux regards dans le premier trajet à parcourir, et Géréon qui, jusqu'à ce moment, avait conservé sa position dans la garde-robe en sortait, lorsque madame de Pompadour entra dans la chambre. Au bruit qu'elle fit, Alexandrine ne pouvant commander à son effroi, poussa un cri terrible, un cri qui retentit au cœur de la Marquise en lui donnant l'éveil, et les soupçons qu'elle lui fit concevoir furent augmentés par la présence d'une femme étrangère. Elle s'avança d'un pas précipité et s'adressant d'abord à sa fille.

« Que faites-vous ici, Mademoiselle, pourquoi ce déguisement, et avec qui êtes-vous ?

Il aurait fallu une énergie supérieure et une astuce qu'Alexandrine ne possédait pas pour qu'elle pût répondre de manière à rassurer sa mère. Hors d'état de rien dire, frémissant du péril que Géréon courait, elle se tint immobile, et, cachant ses yeux dans ses mains, attendit l'orage qui ne tarderait pas à fondre sur elle et sur lui. Cet embarras, la stupéfaction de l'étrangère, éveillèrent plus encore les pressentimens qui s'élevaient dans madame de Pompadour.

« M'avez-vous entendue l'une et l'autre, dit-elle avec colère, que je sache qui est ici, je le veux, et je saurai l'obtenir par force si ce n'est de bon gré. »

Et, sans attendre ce qu'on lui répondrait, elle écarta sa fille placée devant elle, alla vers cette inconnue, et souleva les dentelles de son bonnet qui recouvraient à moitié son visage. Un seul regard porté sur celui-ci lui fit découvrir Géréon... Confondue à son tour par cette présence que, certes, elle était loin d'attendre, une exclamation de douleur et de colère lui échappa.

« Misérable, s'écria-t-elle, tu veux donc me contraindre à te punir.

» — Ma mère... ma mère, dit Alexandrine, frappez-nous tous les deux.

» — Vous le méritez, répondit la marquise; lui au moins connaîtra ce que l'on gagne à me braver. Et moi qui ai cru à la délicatesse de l'une et de l'autre, moi que vous trompiez si insolemment, je ne serais pas vengée ! Je dois l'être aujourd'hui .. sans retard, et toute la puissance du roi va tomber sur cette tête coupable. »

Géréon, jusqu'alors, avait gardé le silence. La venue de la marquise, au moment où il croyait toucher au bonheur, le renversement subit de ses espérances et tout ce qu'un regard désespéré lui laissa voir dans l'avenir, le plongèrent dans un tel découragement, que toute prolongation d'existence lui devenait insupportable.

Certain, désormais, de perdre Alexandrine, il en avait fini avec la vie, et voir arriver son terme lui paraissait moins affreux. Aussi, à l'aspect de mademoiselle d'Etioles prosternée de nouveau devant sa mère, et implorant avec la véhémence d'un amour énergique, une pitié qu'elle n'obtenait pas, il prit à son tour la parole, et s'adressant à son amie :

« Alexandrine, relève-toi ; quelque grâce que tu demandes, et lors même qu'elle serait accordée, je la refuserais. Tu dois être à moi, ou moi à la mort ; voici le cercle qui désormais m'enferme. Ta mère sera inexorable, elle me haït ; soumettons-nous. Tu me regretteras et elle sera heureuse... Madame, poursuivit-il, disposez de moi ; dans quelle prison faut-il que je me rende ; qu'on me la désigne. J'y courrai ; ce sera pour peu de tems.

» — Oh ! Géréon, dit Alexandrine en se relevant pour se rapprocher de lui et pour l'entourer de ses bras, si je te perds, si tu succombes à ta douleur, si même tu disposes de ta vie, je prends Dieu à témoin...

» — Insensée, repartit la marquise en plaçant sa main sur la bouche de la jeune enthousiaste, ne proférez pas un serment coupable, un serment que tu tiendrais peut-être avec plus de sincérité que celui fait déjà à mon amitié.

» — En doutez-vous, répartit Alexandrine dont l'exaltation augmentait; oui, je vivrai si Géréon reste à la vie; oui, je mourrai s'il descend au tombeau. Nos destinées sont communes; elles l'étaient dans notre enfance, on les a laissées se nouer par les liens de l'amour; eh bien! aucune force désormais ne les séparera, soit pour le bonheur, soit pour l'infortune.

» — Ma fille, dit la marquise épouvantée de cette résolution frénétique, je ne te suis donc plus rien?

» — Je suis la femme de Géréon, répon-pondit Alexandrine. »

C'était s'exprimer de manière à persuader à madame de Pompadour de la réalité d'une faute qu'elle soupçonna, et qui, ainsi certifiée, lui inspira un redoublement de colère contre l'audacieux Géréon. N'écoutant à son tour ni la prudence ni la tendresse :

« De par l'enfer, répliqua-t-elle, ce ne sera pas moi qui encourrai le reproche de tout ce qui en adviendra... Je suis poussée aux dernières extrémités, outragée, indignement trahie. Je perds ma fille, je la vois odieusement déshonorée; eh bien ! qu'elle périsse plutôt qu'elle partage le sort de mon ennemi, du seul homme qui m'a résisté. Qu'elle meure, ma mort suivra de près la sienne, et aux crimes qu'elle a déjà commis, ma fille ajoutera le parricide.

A ce propos cruel, à l'avenir qu'il laissait entrevoir, Alexandrine désespérée, loin de se séparer de son amant, s'attacha à son corps avec un redoublement d'amour et de folie.

« Tu entends, lui dit-elle, tu vois le sacrifice que je te fais; tu peux mourir heureux, et moi... » Elle ne put poursuivre, l'excès de la douleur lui ferma la bouche, ses yeux s'éteignirent, et sa tête s'inclina sur la poitrine de son amant qui la soutenait avec une force peu commune, en la couvrant de ses derniers baisers.

Ce tableau déchirant ne toucha pas madame de Pompadour. Elle aussi, cédait à un autre délire, à celui d'un orgueil blessé, aux inspirations d'une haine irrésistible, et plus encore à la frayeur que cette scène, connue au dehors, ne devînt le triomphe de ses nombreux ennemis. C'était cette considération dernière qui l'arrêtait encore, qui la détournait de se porter à de violentes extrémités. Mais à la vue de cette tendresse développée ainsi, il y eut nécessité à son cœur de tout sacrifier au besoin d'une punition prompte et décisive. Elle s'élança vers sa fille, et, par un effort brusque, l'arracha des bras de Géréon.

Vainement Alexandrine poussait des cris pitoyables, vainement elle se débattait, sa mère l'entraînait vers une autre salle, lorsque la porte du corridor secret fut ouverte de nouveau, et le comte de Saint-Germain parut.

CHAPITRE XII.

On peut se consoler d'être trompé par ses ennemis et trahi par ses amis, et on est souvent satisfait de l'être par soi-même.

La Rochefoucauld, *Réflexions morales*

Plus le courroux est grand moins on doit s'y régler ;
Et son premier effet est de nous aveugler.

De Prades, *Arsace*, acte v.

UNE CONVERSATION ENTRE DEUX ANCIENS AMIS.

Le comte de Saint-Germain à Versailles, dans un tel moment, lorsqu'on le croyait sur la route de Hollande, devait frapper de surprise les trois spectateurs de son apparition si opportune, et les placer en même tems dans un embarras, qu'aucun non plus ne pouvait prévoir.

Géréon, à sa vue, se troubla, la marquise se montra interdite, Alexandrine espérant en lui, cessa de lutter contre la volonté de sa mère, et ne donna, que par ses sanglots, la preuve qu'elle vivait encore.

M. de Saint-Germain, ayant fait quelques pas vers la marquise :

« Madame, lui dit-il, je vous en conjure, suspendez tout ce que votre ressentiment vous inspire, il est encore possible de ramener la paix entre nous tous ; daignez m'entendre, je vous en conjure. La demande que je vous fais est la dernière planche jetée sur l'abîme où nous sommes tous suspendus.

Le ton véhément, la gravité chaleureuse qui accompagnèrent cette supplication, étonnèrent madame de Pompadour, plus encore que le retour du comte, cependant elle balança sur la réponse à faire, tant avait de pétulance l'orage élevé dans son cœur. Néanmoins, et entraînée presque par cet ascendant que le comte de Saint-Germain avait sur elle depuis plusieurs années, elle retint le refus que son mécontentement allait énoncer, se consulta un instant, et se voyant certaine de pouvoir agir plus tard selon sa volonté.

« Monsieur, lui dit elle, quoique votre présence à Versailles soit une désobéissance formelle aux ordres du roi, quoiqu'il soit décidé dans mon âme de ne jamais accéder à ce qu'on me proposera, je veux bien vous entendre, mais à une condition préliminaire, que cet audacieux séducteur sera confié à la garde d'un exempt du château, qui me répondra de sa personne.

» — Je m'engage, dit Géréon avec vivacité, à ne sortir d'ici que pour obéir à ce qu'exigera la marquise de Pompadour; je le jure sur l'honneur.

» — C'est un serment, répondit la marquise du ton d'un dédain marqué, auquel il ne me plaît pas d'accorder aucune confiance; vous rompriez celui-là comme vous avez manqué à tous ceux dictés par la probité. »

Et sans attendre ce que Géréon ou le comte allait repartir, elle appela à haute voix, et aussitôt vint madame du Hausset, déjà attirée dans la chambre voisine par les cris qu'Alexandrine avait poussés. Lorsqu'elle fut là :

« Faites venir Duportal. »

C'était un exempt aux ordres de la marquise, et dont elle se servait, soit pour punir secrètement ceux qui l'offensaient, soit pour transmettre ses instructions mystérieuses au lieutenant de police. Cet homme, dont elle avait fait la fortune, lui aurait obéi en tous ses commandemens. Il se tenait toute la journée dans une pièce située au-dessus de l'appartement de la marquise, et une sonnette, qui allait dans sa chambre, l'avertissait lorsque sa présence était réclamée. Il tarda peu à venir, et dès qu'il parut :

« Monsieur, lui dit madame de Pompadour, je vous enjoins au nom du roi, dont la volonté m'est connue, de prendre sous votre surveillance et responsabilité ce jeune homme ; plus tard, je vous ferai connaître mes intentions à son égard... Géréon, poursuivit-elle d'une voix qu'elle cherchait à rendre calme, suivez Duportal ; puis se tournant vers madame du Hausset qui était rentrée en même tems que l'officier du château, elle lui enjoignit de ramener Alexandrine dans sa chambre et de ne pas la quitter.

Mademoiselle d'Etioles était demeurée muette depuis que le comte de Saint-Germain avait paru. Vivement oppressée, succombant sous son désespoir et envisageant avec effroi l'avenir, elle ne put s'empêcher de faire une dernière tentative, et, se rapprochant de sa mère, les mains jointes, elle allait parler... Sa mère lui lançant un regard de menace, fit un signe à madame du Hausset, et sortit précipitamment accompagnée de M. de Saint-Germain.

Tous les deux allèrent, sans se parler, jusque dans le cabinet de travail, sanctuaire inabordable à ceux qu'on n'y appelait pas nominativement. Il y avait plusieurs chambres à traverser, et pendant ce trajet, la marquise, fermement attachée à se débarrasser de Géréon, se promit d'écouter tout ce qu'on lui dirait, et de taire sa résolution dernière.

Lorsqu'elle avait surpris sa fille prête à la quitter. C'était par un cas fortuit et non par cause de crainte subitement élevée. La compagnie rassemblée dans son salon était partie pour revenir plus tard ; elle, demeurée seule, avait voulu revoir Alexandrine afin de la maintenir par sa présence, dans le sentiment de l'obéissance enfin obtenue, ne la trouvant pas et ayant appris qu'elle devait être dans la salle des garde-robes, la marquise s'y était rendue : on sait le reste.

Parvenue au cabinet de travail, elle s'assit sur le fauteuil où elle se plaçait ordinairement. Le comte prit un siège vis-à-vis d'elle, et, lorsque tous les deux furent installés, lui prenant la parole.

« Vous ne pensiez pas me voir aujourd'hui ?

» — Je croyais, répondit madame de Pompadour, que la volonté du roi était sacrée, et que nul ne s'y soustraisait à sa fantaisie.

» — La volonté du roi, répliqua le comte,

est sans doute respectable, et moi, quoique je n'aie point le bonheur d'être un de ses sujets je n'hésiterais pas à l'exécuter dans toute étendue, si elle se manifestait librement. Mais, Madame, l'amitié dont vous m'honoriez naguère (la marquise fit un geste qui semblait annoncer qu'elle n'avait pas changé) et qui ne m'a pas quittée, puisqu'il vous plaît de me l'assurer, m'encouragera à vous demander franchement si l'ordre qui m'envoie en mission secrète est venu spontanément du roi ou si c'est vous qui l'avez provoqué. Dans le premier cas, je serais coupable, dans le second, j'aurais à me plaindre de votre défiance; car enfin, vous m'auriez écarté pour vous défendre de mon insistance, pour vous précipiter volontairement dans des malheurs que ma science tendait à vous faire éviter.

» — Lorsque je nierais, répartit la marquise, que c'est moi qui vous faisais partir, vous n'en perdriez pas votre opinion, ce serait un mensonge inutile. Oui, Monsieur, je suis coupable de ce fait, si c'est l'être que d'éviter de blesser en face, celui dont on ne peut exaucer le désir. Chacun de nous est libre, à ce que je présume, dans la manière de se diriger dans ses affections. Les miennes me portent à vouloir que ma fille épouse le duc de Fronsac, et non un jeune homme à l'existence mystérieuse, qui passerait tout à coup d'une obscurité profonde à un rang éminent. Je ne sais, je vous le répète, ce que j'aurais pu faire dans le cas où vous vous seriez mêlé de ses intérêts, avant mes engagemens pris envers le duc de Richelieu; mais à présent que tout entre nous est réglé, ce sera peine perdue que d'entreprendre de me faire reculer. Ne vous y obstinez pas, croyez-moi, partez sans aucun délai, emmenez ce jeune homme, vous vous en trouverez bien et lui aussi.

» — Je vois plus que jamais, répartit le comte de Saint-Germain en poussant un profond soupir, que l'influence des astres est irrésistible; vainement on essaie de nous ouvrir les yeux lorsque nous sommes en route vers notre perte. Où eux commandent, les hommes doivent céder. »

La manière grave avec laquelle ces paroles furent prononcées, troubla la marquise plus que ne l'aurait fait les objections auxquelles elle s'attendait. Chaque fois que l'étranger la combattait sur les choses positives de ce monde, elle savait lui résister avec énergie : mais il n'en était pas ainsi lorsqu'il transportait le lieu de la lutte dans ces pratiques pleines de mystères, auxquelles on le savait pleinement initié. Madame de Pompadour répondit, que tant qu'il lui parlerait un langage mystique, il ne pourrait se plaindre si elle ne l'écoutait pas.

« Eh ! comment me servirai-je des formes communes, lorsque vous persistez à me repousser, lorsque j'emploie la raison, lorsque je vous propose ce qui satisferait l'ambition la plus élevée. Je vais à vous, offrant pour mari à votre fille, un jeune homme spirituel, sensible, rempli de courage et de vertus, agréable dans sa personne, issu de père et mère des maisons les plus illustres de l'Europe ; riche à lui seul plus que ne le sont tous les rois, aimé, en outre, de celle qui l'aime ; et quel est son rival ? l'héritier d'une maison toute nouvelle, sortie hier des ténèbres qui environnent son origine, n'ayant que par concession et en vertu d'un mariage, le nom qui le rend si fier. Personnage d'ailleurs sans mérite, et dont toute la considération, tient à sa position momentanée, n'ayant enfin qu'une fortune médiocre, comparée surtout à celle de Géréon. Eh ! bien, non-seulement vous établissez entre eux deux une balance égale, mais encore vous faites pencher celle-ci vers le moins digne.

» — C'est ma volonté, dit froidement la marquise.

» — Voilà donc pourquoi, continua le comte, il y a nécessité pour vous vaincre désormais, de sortir de la route vulgaire, de vous appeler là où je peux vous inspirer de la terreur, où ma science me procure une supériorité incontestable. C'est elle qui m'a fait interrompre mon voyage, qui m'a procuré la connaissance du projet téméraire de Géréon, du péril qu'il courait, des excès où se porterait votre haine. Tout en feignant d'obéir, je suis revenu à l'aide de secours qui ne me manqueront jamais, et qui me faciliteront de pouvoir braver la colère du plus puissant monarque. J'étais près de ce jeune téméraire, j'aurais arrêté à tems son acte de folie, mais mon pouvoir ne va pas au-delà. Je ne peux guérir l'amour ni endormir la haine; il n'est aucune loi de la nature que je ne puisse changer ou suspendre, et lorsque je m'adresse aux passions, je ne suis plus écouté.

» — A mon tour, repartit la marquise, je me demande quel est ce vif intérêt que vous prenez à Géréon.

» — Il est motivé sur ce qu'il a de plus tendre, dit le comte avec simplicité, son père était mon fils. Madame de Pompadour tressaillit involontairement, voulut parler, se retint et détourna sa tête;... elle espérait cacher au comte de Saint-Germain que son aversion pour celui qu'il avouait être de son propre sang, venait subitement de s'étendre sur lui. Ensuite elle dit :

» — Je suis fâchée d'avoir provoqué cet aveu.... il était inutile, il ne changera rien à ma détermination.

» — Prenez garde, Madame, aux conséquences qu'elle aura.

» — Votre intention est de m'effrayer.

» — C'est mon espérance, je ne le cache pas.

» — Il y a du moins de la sincérité dans cet aveu. Je vous en fais mes remerciemens; me voilà désormais avertie. Je me tiendrai sur mes gardes et vous verrai venir. »

Le comte se leva, croisa ses bras, et comme s'il se fût agi du point de conversation le plus indifférent de tous. « Allons, Madame, puisque cela vous convient, commençons cette nouvelle lutte; si la victoire vous reste, vous la payerez cher.... par le désespoir du peu d'années qui vous resteront à vivre.

» — Monsieur, ce langage....

» — Imitez-moi, soyez calme, ou vous perdrez votre avantage.... Savez-vous en quoi il consiste uniquement, non à combattre avec force, mais à entendre ce que je vous dirai..... Oui, tout sera fini pour vous, si je sors sans vous avoir persuadée.

» — Prenez votre chapeau, Monsieur, si vous tenez à vous épargner une harangue inutile.... Je céderais à des menaces mal déguisées !.... à mon ennemi, car enfin, vous n'êtes plus que cela pour moi.

» — Madame la Marquise, dit le comte, toujours avec ce même sang-froid apparent qu'il tenait à conserver, parce qu'il le croyait nécessaire, vous rappelez-vous du soir où, souhaitant autant que vous le mariage de votre fille, avec des seigneurs de la cour, je satisfis à votre désir de consulter le miroir constellé où je verrais la figure de cet époux futur ?

» — Oui, Monsieur, je m'en souviens, et n'ai pas oublié aussi, que la glace échappée de vos mains, se brisa en tombant par un accident qui parut vous contrarier beaucoup.

» — Eh! bien, cet accident ne fut l'effet du hasard, ni de ma maladresse, mon attachement, ma pitié pour vous le provoqua..... Je n'avais pas vu dans ce miroir accoutumé, se reproduire les traits que je lui demandais, le visage du duc de Fronsac ni d'aucun autre seigneur de la cour.

» — Mais peut-être, dit la marquise d'un ton rempli d'ironie, celui de l'auguste Géréon.

» — Pas plus celui-là qu'un autre.

» — Qui avez-vous donc aperçu que je ne dusse pas voir, demanda madame de Pompadour, et cette fois non avec arrogance, mais en manifestant une terreur involontaire.

» — Faut-il vous le dire?

» — Oui.... et néanmoins quoique ce pût

être, n'attendez aucune faiblesse, aucune concession de ma part.

» — Elles m'étonneraient maintenant, à voir la marche des choses; oui, je ne le vois que trop, les décrets célestes doivent être exécutés.

» — Qui donc avez-vous vu dans ce talisman, à la place de l'époux destiné à ma fille?

» — Le spectre de la mort!! »

Madame de Pompadour, frappée comme d'un coup de foudre, se souleva machinalement dans son fauteuil, poussa un cri étouffé par la stupeur, et lançant au comte de Saint-Germain un regard furieux.

» — Osez-vous bien déchirer ainsi le cœur d'une mère?.... n'êtes vous pas épouvanté du poids affreux que vous assumez sur votre tête.... ma fille.... le spectre de la mort..... dans sa jeunesse.... moi si puissante!....

» — Sortez de votre délire, Madame, dit à son tour le comte de Saint-Germain, avec l'expression d'une pitié dédaigneuse; votre faiblesse en opposition à des décrets immuables, ne vous appuyez pas sur elle pour les combattre.

» — Monsieur, vous répondrez de tout ce qui arrivera.

» — Et vous, Madame, quelle part vous réservez-vous dans la catastrophe qui se prépare? »

La marquise, au lieu de répliquer à cette question importante, se tut. M. de Saint-Germain put voir qu'elle tenait un conseil intérieur avec ses passions. Il n'en augura rien de bon, car, là où elles luttent contre la sagesse, il est presque certain que la dernière sera vaincue. Il se taisait aussi, attendant ce qui résulterait de cette méditation si convenable; lorsque madame de Pompadour essayant de sourire, lui dit tout à coup :

« Mon cher comte, avez-vous espéré me faire peur? vous vous êtes trompé; j'ai plus de courage que l'on peut le croire; convenez que c'est une mauvaise plaisanterie, et quand il sera bien prouvé que je ne me laisserai, ni effrayer, ni séduire, vous et les vôtres, cesserez de me persécuter. Croyez-moi, allez remplir la mission du roi ; à votre retour, votre fils vous sera rendu. »

Tandis qu'elle parlait sur ce ton, auquel certes son auditeur ne devait pas s'attendre, celui-ci la regardant avec des yeux fixes et scrutateurs, elle, au contraire, baissait les siens, et à mesure qu'elle avançait vers la fin de son propos, la forme légère que d'abord il avait revêtue diminuait insensiblement, et aux derniers mots une expression de colère, mal déguisée, perça au travers de cette dissimulation. M. de Saint-Germain alors.

« J'ai expliqué sérieusement ce que j'ai cru nécessaire à la direction de votre libre arbitre ; le malheur qui pèse sur vous peut être détourné, puisqu'il dépend de votre volonté, que mademoiselle d'Étioles soit heureuse : si elle ne l'est pas, qui en accuserez-vous ?

» — Celui qui, abusant de l'hospitalité accordée, n'a pas craint de séduire un cœur sans expérience, de l'entraîner loin de la route du devoir, de la faire marcher dans une voie déshonorante...... »

Ici, la parole expira dans la bouche de la marquise, en conséquence du regard significatif que le comte de Saint-Germain lui adressa. Mais si ce dernier eut cet avantage, combien il eut à le déplorer. La rougeur de la honte, le courroux de l'orgueil cruellement blessé, éclatèrent sur la physionomie de la maîtresse du roi de France, qui, reprenant après s'être arrêtée un moment.

« C'en est trop, Monsieur, il est des outrages qui comblent la mesure, et qu'un cœur haut placé ne pardonne pas. Vous devez m'entendre, toute amitié entre nous deux est rompue; hâtez-vous de partir cette même nuit, demain vous auriez à regretter la perte de votre liberté, si vous êtes encore à Versailles où à Paris.

» — Ma liberté, répondit le comte avec un sourire mélancolique, dépend de moi seul, et malheur à qui me la ravira !.... Vous avez d'ailleurs raison, il faut en finir l'un et l'autre ; ma présence vous importune je vous en délivrerai ; mais je vous supplie de donner vos ordres pour que M. Duportal remette Géréon à son aïeul.

» — C'est avec un vrai déplaisir, dit la marquise, que je vous refuserai, quoique, certes, vous m'ayez donné le droit de vous poursuivre personnellement de ma haine. Vous êtes, Monsieur, un homme trop redoutable, Géréon a trop de pétulance pour que je consente à perdre l'avantage que je tiens en mes mains. Géréon ira à la Bastille ou ailleurs, il y demeurera jusqu'après le mariage de ma fille, alors seulement, il vous sera rendu.

» — Et quelle garantie conserverai-je que vous ne pousserez pas plus loin votre vengeance ? Je n'ai pas oublié à quel acte naguère vous avez cherché à m'associer, lorsque, pour ainsi dire, Géréon commençait à peine à vous être odieux. »

La marquise pâlit, puis, et avec un ricanement infernal :

« Vous avez, Monsieur, trop de mémoire; il est d'un courtisan habile de la perdre à propos. Quant à vos craintes elles seront ma défense; je me conduirai selon qu'on se conduira à mon égard.

» — Madame, pour la dernière fois, ouvrez les yeux, voyez devant vous l'abîme où vous êtes prête à descendre. Rendez Géréon à ma tendresse, il est le reste d'une famille dont la gloire a rempli le monde, et il touche aux arbres encore les plus vigoureux. Je l'ai regretté lorsque je l'avais perdu; je le retrouve, me serait-il ravi ? Vous exposerez-vous à un dernier combat avec moi; celui-là, des deux côtés sera funeste dans ses résultats.

» — Comte de Saint-Germain, votre rôle est fini en France. Vous avez mon dernier mot, sortez....

» — Madame la marquise de Pompadour, souvenez-vous, qui s'est montré à moi dans la glace constellée au lieu de l'époux de votre fille que vous vouliez y voir ! Cette phrase sinistre prononcée, le comte de Saint-Germain se retira. La favorite restée seule respira enfin. Jusqu'à ce moment, comprimée par la présence de cet homme extraordinaire ; arrêtée par la terreur qu'il lui inspirait dans ses projets de vengeance, et néanmoins ne voulant pas y renoncer, il lui tardait d'être pleinement débarrassée de sa personne ; aussi dès qu'il fut sorti, se leva-t-elle en étendant les bras comme pour se débarrasser d'une obsession pénible ; mais en même tems le souvenir des prédictions fatales que Saint-Germain avait prononcées, glaça de nouveau le sang dans ses veines, et elle se demanda à quoi il fallait se déterminer.

« A punir un insolent, s'écria-t-elle enfin, à me sauver d'un imposteur qui voudrait dominer ma faiblesse, dont tous les propos sont des mensonges, et qui, à l'époque de la philosophie, aspire à ramener le règne de la superstition ; deux lettres de cachet me feront justice de l'aïeul et du fils, et quant à celui-ci...... aucune pitié n'arrêtera l'explosion de ma haine ; son sort est fixé, c'est lui qui mourra.

» — Madame de Pompadour écrivit un billet au comte de Saint-Florentin pour le prier de passer chez-elle aussitôt qu'il en aurait le tems....., quelques minutes après celles écoulées entre le port de la lettre à l'hôtel du Ministère et le tems nécessaire à ce que Monsieur de Saint-Florentin accourût, il se présenta, et se confondant en témoignages de dévoûment respectueux, demanda à quoi il pourrait être utile.

» — Il s'agit d'une misère, mon cher comte, dit la favorite, de deux lettres de cachet pour le service du roi et que j'exige de votre obligeance.

« — Bon Dieu ! Madame, fallait-il vous importuner de ma présence pour si peu de chose; un mot de vous, les noms des coupables auraient suffi, et je serais également venu à vos pieds, mais après votre volonté accomplie.

» — Oh ! dit la marquise, je serai charmée de vous revoir une autre fois, car je tiens à ce que ce soit Duportal qui exécute la volonté royale.

» — Lui, Madame, ou qui vous voudrez. Mais comment appelez-vous ceux assez criminels pour avoir pu vous déplaire ?

» — Un sieur Géréon.

» — Sans autres noms ni qualifications ?

» — Aucun, c'est un demi-enfant naturel, mauvais sujet de naissance.

» — Et l'autre ?

« Vous le connaissez, celui-ci ; il a paru dans ma société intime. Je voudrais lui épargner ce désagrément ; mais il s'est rendu indigne de toute grâce. Chargé par le roi d'une mission secrète et importante, il a abandonné son poste ; je l'aime pourtant.

» — Qui bien aime, bien châtie, dit en riant le ministre.

« — C'est le comte de Saint-Germain.

» — Lui, Madame, l'homme aux miracles ! mais c'est défier le ciel.

» — C'est peut-être, avec plus de raison, se mettre en guerre avec le diable.... n'importe, n'en déplaise à sa majesté satanique, il faut que la volonté du roi de France passe avant la sienne.

CHAPITRE XIII.

Quæ scelere pacta est, scelere rumpitur fides
SENÈQUE, *Médée*, acte 1, scène 1.

Le crime rompt le traité conclu avec le crime.

L'habitude est une seconde nature.
Proverbe.

ELLE S'Y RÉSOUT.

≫*≪

« Duportal, dit madame de Pompadour, votre fortune est faite; la confiscation vous revient de droit; mais soyez prompt à me servir. L'excès de confiance que je vous témoigne doit vous faire préjuger du sort qui vous attendrait si j'étais trahie.

» — Madame la Marquise sera obéie, je me contenterai de lui faire observer que le coup consommé, je serai contraint de sortir de France.

» — Pourquoi cela, mon ami ?

» — On peut soupçonner..... me poursuivre.....

» — Qui ? je fermerai la bouche à tous ; d'ailleurs nous aurons la ressource de vous faire disparaître pendant quelque tems ; et si on vous mène à Pierre-Encise, à la Bastille ou ailleurs, tous les parlemens du monde ne vous en retireraient pas.

» — Une telle retraite, répartit l'exempt, me conviendrait peu ; je suis pour le plein air, surtout lorsque l'on a pris soi-même le soin de devancer la justice. Si vous le permettez, je m'en irai en Allemagne, en Angleterre, partout enfin, hors entre quatre murailles.

» — Mais, dit la Marquise mécontente, n'ai-je pas le pouvoir de vous faire sortir de tous lieux, où, d'accord avec vous, je vous aurais fait renfermer.

» — Madame répliqua Duportal, en donnant à sa physionomie une expression de malice particulière, permettez-moi de vous répondre, par ces vers, venant d'une fable de Jean de la Fontaine, et que dit le renard invité à aller rendre ses devoirs au lion malade :

> .... Dans cet antre
> On voit fort bien comme l'on entre.
> On ne voit pas comme l'on sort.

La marquise de Pompadour ne laissa pas reconnaître si la citation lui paraissait à propos, ou divertissante; peut-être même en l'examinant avec beaucoup d'attention, aurait-on vu en elle, quelque symptôme de mécontentement, qu'elle déguisa sous une indifférence apparente.

Chargé de ses dernières instructions, Duportal se retira, et la favorite restée seule se mit à poursuivre le cours de ses réflexions : elle en faisait sans doute de sinistres, car, à diverses reprises, une sueur glacée couvrit son front, et à chaque bruit inattendu qui se faisait entendre, elle tressaillait involontairement. Néanmoins la concentration en ses pensées fut poussée si loin, qu'elle ne fit pas attention à l'entrée d'une personne, à la marche légère il est vrai, et prompte néanmoins : ce ne fut que lorsqu'Alexandrine eut tombé aux genoux de la marquise, que celle-ci s'aperçut que sa fille était là, et alors la repoussant par un mouvement machinal de colère :

« Que faites-vous ? dit-elle, que voulez-vous ?

» — Obtenir ma grâce, répondit Alexandrine désolée, me réconcilier avec vous, me remettre plus que jamais en votre pouvoir sur-le-champ, mon vif désir d'obéissance, vous rendre satisfaite enfin, lors même que je dusse mourir de chagrin.

» — Etes-vous donc si soudainement changée ? dit la Marquise, doutant de ce qu'elle entendait ? Le devoir filial parlerait-il dans votre âme après y être demeuré si long-tems muet ? Mais vous m'avez trompée avec tant d'audace, que des paroles ne suffisent pas désormais ; je ne me rendrai qu'aux actions ; à quoi êtes-vous décidée ?

» — Faites venir le duc de Fronsac, qu'il se présente en qualité de votre gendre, je l'accepte pour mari, et j'en prends l'engagement devant Dieu et devant les hommes. Que la noce ait lieu tout de suite, je ne m'y refuserai pas.

» — A la bonne heure, mon enfant, voilà comme il convient d'être. Si plus tôt vous aviez eu ce courage, cette soumission, vous m'auriez épargné de nombreux chagrins, et à vous des torrents de larmes. Allons consolez-vous, étanchez celles que vous versez, votre sort sera plus heureux que vous ne le croyez : mon amitié vous est rendue, vous aurez l'amour de votre époux; et la grandeur du rang et ses privautés flatteuses vous dédommageront amplement de ce que vous perdez d'ailleurs. »

Et madame de Pompadour dont la tristesse était déjà dissipée, se pencha pour baiser sa fille au front, tandis qu'elle la soulevait doucement, pour la faire asseoir sur le canapé à ses côtés; mais Alexandrine résistant encore à cette marque de faveur, et ne retenant pas mieux ses larmes, dit :

« En retour de tout ce que je cède ne me sera-t-il rien accordé ?

» — Je prévois ce que vous allez demander, répliqua la Marquise dont les traits s'assombrissaient de nouveau, et je ne peux exaucer votre folle prière ; Géréon s'est rendu tout à la fois coupable et dangereux : son audace n'a pas de bornes, il peut, s'il devient libre recommencer le cours de sa tentation insolente ; revenir à vous parler, de nouveau à votre cœur, qui, contre lui, manquera d'énergie ; et vous même aujourd'hui si soumise, que seriez-vous après l'avoir écouté de nouveau ; votre mariage d'ailleurs ne peut se conclure qu'après la fin de la campagne militaire, et jusqu'à cette époque, ce jeune téméraire restera forcément sous la main du Roi ; mais votre hymen accompli, alors mes terreurs ayant cessé, il sera libre, je vous le jure, c'est tout ce que je puis faire pour lui.

» — Dans ce cas, reprit Alexandrine,

puisque mon sacrifice ne lui servira pas, il est inutile que je le consomme.

» — Prenez garde, répondit froidement madame de Pompadour, qu'on l'a surpris déguisé dans le château de Versailles, à l'instant où une conspiration criminelle et prolongée menace encore la vie du roi.

» — Ma mère ! s'écria la jeune fille, oserait-on accuser ce malheureux ?

» — Et qui me retiendrait de le faire, lorsqu'il détache ma chère Alexandrine de moi, lorsqu'il abuse de son inexpérience; quel ennemi ai-je plus cruel et qui soit plus digne de ma vengeance? Croyez-moi, je vous le répète, sauvez-le lorsque vous le pouvez, il en est tems ; plus tard le serait-il encore ? j'en doute; lui et vous ne me braverez pas opiniâtrement.

» — Il mourra si je lui suis infidèle, repartit avec désespoir mademoiselle d'Etioles.

» —Son châtiment est encore plus certain si vous ne renoncez pas à lui.

» — Oh! ma mère, nous eussions été si heureux ensemble! Vous savez combien sa naissance est illustre, quels trésors il possède; que pouvez-vous demander en outre pour mon bonheur?

» — Que tout cela fût vrai, et tout cela est un mensonge; on vous a trompée, d'abord en attaquant votre cœur, on cherche à présent à me surprendre, en essayant de me faire prendre des chimères pour des réalités. Tout ce qu'on vous a dit est une fourberie, je vous le prouverai plus tard; le comte de Saint-Germain, qui avait pris la direction principale de cette affaire, est en fuite dès qu'il m'a quittée. Hier il est parti, certain que je l'avais deviné, craignant pour lui-même, et abandonnant celui qui a eu la folie de croire à ses paroles : sortez-vous, aussi, de cette erreur? »

Alexandrine, dont tout anéantissait ses espérances, ne dit rien d'abord, et continua de sangloter amèrement ; sa mère, la serrant dans ses bras, essaya de la consoler, de la distraire, en lui parlant du rôle superbe qu'elle jouerait à la cour, de la magnificence de ses bijoux, de ses parures, du luxe de sa maison et de ses livrées ; qu'elle serait alliée aux meilleures familles de France, à celle impériale d'Autriche, et parente un jour de la reine ; car certainement un des fils du dauphin épouserait une des filles de Marie-Thérèse. Madame de Pompadour, à mesure qu'elle détaillait tous ses avantages, s'étonnait de l'indifférence d'Alexandrine, et comment une telle perspective ne la dédommageait pas du sacrifice de son amour. L'âme de la favorite, ouverte seulement à l'ambition, n'aurait cédé dans aucune circonstance, à tout autre appât, qu'à celui des grandeurs et du pouvoir. Aussi, ne savait-elle pas comprendre un meilleur sentiment, et parfois s'indignait de ce qu'elle appelait ses inclinations peu relevées.

Alexandrine, cependant, épouvantée par le développement d'un courroux auquel sa mère ne renonçait pas non plus, et assurée d'une autre part que la mort la délivrerait avant peu de l'horreur que lui inspirait son union avec le duc de Fronsac, conjura la marquise de lui donner sa parole sacrée que la délivrance de Géréon suivrait l'accomplissement de son mariage.

« Je vous l'ai promis, lui fut-il répondu, soyez assurée que je tiendrai mon engagement, pourvu que vous ne fassiez faute au vôtre. »

A la suite de cette promesse, madame de Pompadour revint à son texte capital, et prévint sa fille que le lendemain, le maréchal de Richelieu amènerait le duc de Fronsac, qu'elle devait, à l'avance, bien faire ses réflexions, que se dédire plus tard, outre que cela nuirait à sa propre réputation, attirerait à toute sa famille la haine et le courroux d'une famille puissante.

« Vous devez, ajouta-t-elle, et dès ce moment, vous regarder comme étant la femme de ce jeune seigneur, et vous conduire en conséquence. Je veux bien croire à votre sincérité ; mais si sous ce masque d'obéissance, vous cachiez un plan de rébellion éloignée, ma colère saurait frapper le véritable conseiller. «

Alexandrine, toujours en proie à une douleur profonde, répéta ce qu'elle avait déjà dit, et, heureuse dans son malheur d'avoir fixé le moment de la délivrance de Géréon, quittait sa mère, lorsque la maréchale de Mirepoix était annoncée. Celle-ci vint d'un air affairé, et, sans répondre aux complimens de la marquise, l'embrassa vivement et lui dit, avec non moins de chaleur :

« Vous êtes la dernière, ma chère, à savoir ce qui se passe, et votre confiance me fait peur.

» — Qu'est-ce donc? demanda la marquise déjà émue, car, à la cour, peu de chose suffit pour inquiéter les puissans.

» — Mais ignorez-vous, ou m'avez-vous fait un mystère d'une distraction du roi, qui commence à éclater, ou, pour mieux dire, que j'ai surpris, en raison des soins que je me donne pour vous prouver mon attachement en servant vos intérêts ?

» — Oh! vous êtes la meilleure des femmes, répondit madame de Pompadour en serrant la main à *la petite maréchale*, et cela me fait souvenir que j'ai obtenu hier, pour vous, du roi, *un acquit de comptant* d'une valeur de deux mille louis.

» — Jamais somme ne fut plus justement accordée et ne vint plus à propos. Le jeu me ruine, je ne me soutiens que par les grâces du roi et votre affection sincère : elle est en rapport avec la mienne.

» — Je sais que nous nous aimons en sœurs, réciproquement, vous êtes si complaisante!

» — Et vous si généreuse, ma charmante Marquise ; sans vous, comment ferais-je pour jouer ? je frémis à la pensée de me voir les bras croisés en face d'un tapis vert.

» — Mais, dit la favorite en l'interrompant, vous m'aviez annoncé une découverte?

» — Oui, et une trahison horrible du roi :

je vous en préviens, répliqua en riant la petite maréchale.

» — Est-ce possible?... et la marquise pâlit.

» — Rien n'est plus vrai, en voici la preuve.

» — Une lettre!

» — Et de la main de votre auguste ami. Hier au souper, le roi, en sortant son mouchoir, amena avec ce chiffon de papier qui tomba moitié sur sa chaise, moitié sur la mienne. Car la compagnie était si nombreuse que nous n'étions pas là comme

Aux sermons de Cassagne et de l'abbé Cottin ;

mais très-serrés et presque mal à notre aise; vous n'êtes pas venue...

» — J'étais si souffrante!

» — En effet, vous paraissez malade.

» — Oh! j'enlaidis, répliqua madame de Pompadour avec dépit.

» — Vous diminuez de beauté, ma divine, voilà tout.

» — Mais la lettre.

» — Eh bien! je la vis si proche de moi que, dans la pensée de vous être utile, j'avançai doucement la main, mis la griffe sur le poulet, et, par un jeu insensible, l'amenai doucement sur ma chaise, sous ma robe où il demeura jusqu'au fruit. Alors, et profitant de la gaîté que le vin de Champagne inspire, j'achevai mon œuvre téméraire. Ledit billet fut glissé adroitement dans ma poche, et, rentrée chez moi, j'en pris connaissance. C'est une demoiselle qui répond par des millions de tendresses aux galanteries du roi, et qui prend pour argent comptant les frivolités de Sa Majesté, lorsque ce n'est qu'à vous seule que son amour parle sérieusement.

« — A moi et aux autres aussi ; le roi est volage.

» — En êtes-vous la preuve ?

» — Voyons la lettre.

La maréchale, jusque là, s'était contentée de la montrer à madame de Pompadour, qui, l'ayant lue tout bas, finit par hausser la voix en arrivant à la signature.

« Romans, dit-elle, Mademoiselle Romans; connaissez vous cela ?

» — Je suis peu en rapport avec la bonne bourgeoisie de Paris ou de province, et je peux mal vous procurer les renseignemens dont vous avez besoin.

» — Le roi n'en fait jamais d'autres, je lui faisais élever une petite Tiercelin, véritable jeune merveille ; point, il faut au monarque une distraction que je ne sache pas. La première guenon lui paraît charmante pourvu qu'il me la dérobe, et nul de ceux qui devraient veiller à mes intérêts ne m'en a prévenue; et le lieutenant de police est muet, et mons Lebel n'a plus de langue. Le drôle ! il croit pouvoir voler de ses propres ailes ; il est fier de la faveur de son maître. Je le prendrai à propos, et sa réserve lui coûtera cher.. ... Mademoiselle Romans!... d'où vient-elle ?

» — Vous le saurez bientôt. . il y a de l'amour dans cette lettre.

» — Pouvez-vous y en voir ! il y a du jargon, du manége, de la fourberie. Est-ce que cette créature est sincère? Son désir unique est de tromper le roi ; cela paraît à chaque phrase..., on le reconnaît aisément....; il n'y a que moi qui l'aime de véritable passion, que moi surtout de positivement fidèle.

» — Voilà, ma chère amie, ce que je ne vous demande pas, repartit en riant la maréchale ; et si je le faisais, vous seriez en plein droit de m'adresser des reproches.

» — Vous êtes une malicieuse ; oui, j'aime le roi et je le lui prouve en quittant tout pour lui.

» — Quoi? qui? demanda madame de Mirepoix se maintenant dans sa gaîté ; votre état de femme, et mademoiselle d'Étioles?

Ce mot jeté inconsidérément ramena la marquise à tout ce qu'elle oubliait alors, emportée qu'elle était par le dépit que lui causait la nouvelle fantaisie. Une vive épouvante provenait toujours de la crainte qu'une femme plus jeune, non moins belle et adroite, ne la supplantât un jour. Et maintenant, l'apparition de cette mademoiselle Romans, qui fut l'une des maîtresses les plus aimées de Louis XV, dont elle eut l'abbé de Bourbon le seul enfant reconnu de ce monarque ; l'apparition dis-je de cette rivale ajoutait une vive émotion aux inquiétudes que d'autres actes lui inspiraient à cette heure. Cependant cessant de s'occuper de Géréon et du comte de Saint-Germain, qu'elle croyait déjà prisonnier s'il ne s'était pas sauvé par une prompte fuite, elle entama une longue conversation avec la maréchale, tendant à décider comment il faudrait s'y prendre pour dégoûter le roi de cette divinité.

Madame de Mirepoix donna les conseils de son expérience, puis elle dit :

« Mon Dieu ! ne vous tourmentez pas tant, votre position topographique est admirablement choisie. Le roi sait où vous logez, par où il doit passer pour venir vous voir, à quelle heure vous êtes seule ; tout cela est établi dans sa tête et ne lui demande aucun effort d'imagination ; aussi va-t-il, vient-il en machine montée, sans avoir le tracas de donner des ordres, de prévenir qui que ce soit. Il ira de même tant que vous serez où vous êtes; mais si, par hasard, une autre s'y installait subitement, le bon roi viendrait tout aussi bien chez elle, sans peut-être demander où vous avez passé.

» — Vous êtes consolante, s'écria la marquise, je ne suis donc qu'une habitude pour le Roi?

» — En vérité, plaignez-vous en, mais une habitude, avec son caractère que je connais depuis son enfance, vaut mille fois mieux que son amitié, son estime, son amour. ... Une habitude, c'est l'histoire de toute sa vie; on le tue quand on l'empêche de faire aujourd'hui ce qu'il a fait hier. Quant aux distractions, elles l'amusent; mais remarquez si jamais aucune l'a détourné de monter chez vous à heure fixe; oh! malepeste, personne au monde ne l'en empêcherait: et quand l'habitude sonne le moment convenu, adieu, Vénus renouvelée; tous ses charmes ne retiendront pas le royal écolier. »

Madame de Pompadour écoutait avec une satisfaction mélangée de chagrin, la peinture vraie que faisait la maréchale de Mirepoix, du roi de France ; et cependant quoiqu'elle parût avoir là toute son attention, le souvenir de la lutte entamée avec le comte de Saint-Germain l'occupait aussi ; il lui tardait d'apprendre, ou, qu'il était en pleine fuite, ou, renfermé sous les verroux de la Bastille, et dans ce lieu sa présence lui plairait davantage, parce qu'il ne serait pas en mesure d'agir.

Duportal ne revenait pas lui conter ce qu'il avait fait ; aurait-il manqué l'homme extraordinaire ; et ce que celui-ci prétendait, serait-il vrai, que nul n'aurait de pouvoir sur sa liberté ? Il y avait des momens où la marquise se rappelait avec des remords dont l'amertume lui était insupportable, que celui alors si vivement poursuivi par elle, lui avait manifesté une affection réelle, l'avait servi de tout son génie, et naguère, lors de la crise occasionée par l'attentat de Damiens, il s'était fort avancé pour ses intérêts auprès du Roi, et pourtant aucun reproche à ce sujet n'était sorti de sa bouche, et jamais, dans les dernières conférences qu'il avait eues avec elle, il ne s'était servi du poids de la reconnaissance que la marquise devait conserver en retour de tant de services loyaux.

Mais à ces clartés pénibles de la conscience, l'égoïsme opposait ses ténèbres, il représentait que tout ce que le comte avait pu faire, provenait non de son désintéressement affectueux, mais de son projet combiné à l'avance, de s'emparer de l'esprit de la marquise de Pompadour, afin de la faire servir à une ambition ardente, mais adroitement contenue. C'est par ces inspirations, que nous savons parfois allier à l'ingratitude, en ne prétendant marcher qu'à notre défense naturelle.

Une pensée plus poignante encore s'opposait aussi de tems en tems à la favorite, alors, et malgré elle, une pâleur soudaine couvrait ses joues, et son cœur oppressé battait à peine, à cause de la masse de sang qui le comprimait de toutes parts : sa respiration devenait embarrassée; un feu sombre remplissait ses yeux et leur donnait une expression farouche, quelque chose de hagard et de sinistre qui disparaissait promptement aussitôt que la marquise reconnaissait, aux empreintes douloureuses qu'elle éprouvait, la présence de cette manifestation extérieure des combats de son âme; alors elle essayait de sourire, elle cherchait à se distraire, et le babil spirituel de la maréchale de Mirepoix y contribuait pour une bonne part.

Celle-ci était encore avec elle, lorsque l'exempt Duportal fit demander s'il pourrait être admis.

« Qu'il attende dans le salon, dit la Marquise, je vais l'y rejoindre.

» — Et moi, je partirai, si je vous dérange, ajouta la maréchale.

» — N'en ayez pas le souci.

» — Vous êtes en affaire.

» — Oh! non, une bagatelle. Cet homme

a été hier au soir à Paris pour le service du Roi, il m'a demandé mes ordres, je lui ai donné des commissions pour mes ouvrières, et afin de se faire valoir, il vient me rendre compte, en audience réglée, des courses qu'il a faites dans l'intérêt de ma parure. Ces gens se ressemblent tous; leur bonheur est de se créer une importance chimérique.

» — A qui ne ressemblent-ils pas?

La marquise laissant dans sa chambre à coucher la maréchale de Mirepoix, fut où l'exempt s'était arrêté.

» — Vous avez bien tardé, dit-elle, a-t-il fallu tant d'heures pour arrêter M. de Saint-Germain?

» — La chose eût été plus prompte si elle eût réussi, mais le prévenu avait pris la fuite; on n'a rien trouvé de suspect à son domicile, où j'ai cherché sa personne, avec le plus grand soin : il n'y est pas rentré, ont affirmé ses valets, depuis son départ pour la Hollande.

» — Ainsi, vous l'avez laissé échapper.

» — Je n'ai pu le saisir, Madame, ce qui n'est pas la même chose.

» — Les excuses ne manquent pas à qui font des fautes.

» — Si j'ai commis celle-là, dit Duportal, avec une inflexion de voix singulière, il en est une autre que, Dieu merci, j'ai évitée....

»—Est-ce fait? demanda la Marquise, tandis qu'elle cherchait à contenir le frémissement d'horreur qui s'emparait d'elle.

» — Mon désir de plaire à Madame, et de la revancher d'une autre part du chagrin que lui occasionera la fuite du comte de Saint-Germain, a stimulé mon zèle.

» — Vous savez.... M. Duportal?

» — Oui, Madame, je suis secret comme le tombeau.

Un nouveau tressaillement contraignit la Marquise à s'asseoir, elle baissa les yeux en même tems, l'exempt se tenait debout devant elle, attendant qu'elle lui fît connaître sa satisfaction; mais les mots avaient de la difficulté à sortir de sa bouche. Enfin faisant un effort :

« En cas de besoin, soyez prêt à partir.

» — J'espère, avec le crédit de Madame...

» — Il ne vous abandonnera pas, comptez sur moi..., vous pouvez vous retirer..., je vous le recommande encore, ne vous endormez pas dans une trop grande sécurité : elle aurait pu être complète, si M. de Saint-Germain eût été arrêté, mais puisqu'il est libre.... Il faut le craindre, Duportal... C'est un homme bien habile, très-puissant et dangereux. »

L'exempt, à l'insistance prolongée de la marquise, perdit l'assurance coupable que son front avait conservée jusqu'alors. Il s'avisa de regarder en avant dans l'avenir obscur, et le vit avec effroi, illuminé d'une clarté sinistre, le voile qui l'aveuglait tomba en même tems, et il reconnut que les exécuteurs des volontés de ceux élevés en puissance, ne peuvent pas toujours en avoir l'impunité ; mais il était trop tard pour tirer du fruit de cette expérience.

La Marquise lui fit signe de s'éloigner, il fit quelques pas, puis s'arrêtant, il revint vers elle.

« Madame, vous avez commandé et je vous ai obéi.

» — Cela est inutile à répéter, je sais ce que vous avez fait, ma protection vous aidera toujours.

» — J'en ai besoin.... mais, dans mon trouble, j'oubliais que le portier du comte de Saint-Germain m'a remis une lettre à l'adresse de madame la Marquise.

» — Est-il possible que votre étourderie néglige...., mais où donc avez-vous la raison?

» — Je viens d'obéir à Madame, répliqua l'exempt d'une voix sourde, qui fit faire à la marquise un mouvement convulsif; elle arracha plutôt qu'elle ne prit la lettre des mains de Duportal, la regarda avec une curiosité inquiète, sans pour cela vouloir l'ouvrir devant lui, il en coûtait à cet homme de s'éloigner, il n'était pas en paix avec soi-même ; il paraissait craindre d'avoir à porter à lui seul le poids que la favorite avait tant promis de partager avec lui ; mais enfin, comme une troisième fois elle lui enjoignit de se retirer, il le fit à pas lents, et quand il eut refermé la porte après lui, cet homme se crut abandonné au milieu d'une vaste solitude.

La conscience est une terrible ennemie, qui ne se laisse jamais tromper, et dont la vengeance est implacable. Qui mieux qu'elle peut prouver l'existence d'un Dieu rémunérateur !

Quand la marquise se vit seule, ce fut avec une sorte de frayeur qu'elle porta de nouveau ses regards sur la suscription de la lettre. La main qui l'avait tracée lui était bien connue. Que lui mandait-elle ? quels reproches, quelles menaces lui adressait-il ? pour le savoir il suffisait de rompre le cachet, et elle hésitait néanmoins à le faire. Qui de nous n'a pas éprouvé cette retenue mystérieuse et si pénible tout à la fois, qui arrête en face d'un si léger obstacle : on a peur en le levant, d'apprendre ce qu'on soupçonne, on préfère encore demeurer dans une incertitude calculée, que de lire couramment ce qui doit déchirer notre cœur : on hésite, on tourne, on retourne le papier fatal, on l'examine encore, puis, tout à coup et comme emporté par une résolution désespérée, on l'ouvre et on lit la confirmation de ce qu'on redoutait.

Ce fut ainsi qu'agit la marquise, le comte de Saint-Germain lui mandait :

« Madame, vos émissaires ne me trouve-
» ront point, je vous l'ai dit, nul n'a de pou-
» voir sur ma personne : quant au différent
» qui nous divise, j'en remets la décision à
» plus grand que vous, j'espère, par son con-
» cours, vaincre votre obstination et vous for-
» cer à conserver la vie à votre fille.... à
» votre fille, entendez-vous bien.... Si l'exis-
» tence de Géréon est terminée par un crime,
» la loi du talion est juste, et celle qu'on ap-
» pliquera, pensez-y bien.... »

La marquise lut avec peine ces menaces

terribles, à tel point une vapeur ténébreuse couvrait ses yeux; plus elle avançait et plus elle se voyait environnée de périls provoqués par sa violence; elle avait voulu que la force tranchât le nœud qui la liait, et maintenant que le succès était obtenu, le repentir provoqué par l'effroi, marchait à sa suite.

Il y eut un moment où se levant avec précipitation, elle courut au cordon de la sonnette.... puis s'arrêta.

« Il n'est plus tems, dit-elle, et aussitôt ses regards se portèrent à l'entour comme s'il y avait eu là des oreilles invisibles qui pussent entendre les mots échappés à ses lèvres et surtout en comprendre la portée, mais nul ne paraissait s'attacher à surprendre ses secrets, elle était seule avec son orgueil alarmé et les remords qui déjà remplissaient son cœur de moitié avec un sentiment d'épouvante. La pensée seule de l'ennemi qu'elle s'était donné gratuitement troublait son esprit d'une manière étrange, elle le voyait voler autour d'elle en spectre menaçant et vengeur, l'énergie s'éloignait là où la faiblesse insolente restait seule.

Un long espace de tems s'écoula avant que la marquise, revenue de cette émotion douloureuse, pût rentrer dans sa chambre où madame de Mirepoix l'attendait, et lorsqu'elle y parut.

« Bon Dieu, dit la *petite maréchale*, que vous est-il donc arrivé, ma belle amie? regardez-vous donc. »

Madame de Pompadour arrêta ses yeux sur la glace de la cheminée, et vit tout son visage couvert de taches livides, il en paraissait marbré....

« C'est, répondit-elle, le sang qui me tracasse, je me suis tant occupée ces jours-ci du mariage de ma fille.... j'ai éprouvé un si vif chagrin de l'ingratitude d'un ami.... et la nouvelle que vous venez de me donner..... Ah! madame la maréchale, je suis bien malheureuse!

» — Voulez-vous prendre mes chagrins et

fixer le retour qui vous plaira? dit gaîment celle-ci.

» — Vous plaisantez.... soyez contente de ne pas être à ma place. Où est le jour tout entier que j'ai passé sans souci? quelle heure de ma vie a été exempte d'amertume? Tantôt j'ai à rougir, puis à combattre, puis à supporter ou à punir : je crains pour moi, pour vous, pour le roi, pour les miens, c'est en tremblant que je m'appuie sur mes amis, puisque parmi eux je trouve des traîtres. J'ai à observer les manœuvres de mes ennemis, à braver sous un front serein des outrages d'autant plus cruels qu'ils ne sont point punissables. La reine me nuit, le dauphin me méprise.... : on me laisse seule; ma famille elle-même ne m'accorde pas la satisfaction que je suis en droit d'attendre d'elle. La France m'accuse des maux publics, des revers de la guerre, des calamités que toute la prudence humaine ne peut prévoir, on me persiffle, on me calomnie, on me pousse à bout, et pour achever, mon cœur, mon pauvre cœur, ne me laisse pas tranquille. »

Et la marquise en prononçant ces derniers mots, mit son mouchoir devant ses yeux, afin, sans doute, de retenir les pleurs qu'elle était prête à répandre. La maréchale de Mirepoix, singulièrement mécontente d'avoir provoqué cette explosion qui l'embarrassait beaucoup, se hâta de répondre :

« Vous exagérez tout parce qu'aujourd'hui vous êtes mélancolique au delà de ce qui convient d'être ; retournez la médaille dont il ne vous plaît de voir que le revers : faites attention à la hauteur de votre fortune, aux heureux que vous faites et à la grandeur de votre maison ; songez au bel établissement que vous ménagez à mademoiselle d'Étioles, voyez celle-ci rayonnante de jeunesse, de grâce, de beauté, placée au premier rang à la cour, votre fille destinée à être si heureuse......

» — Et si elle meurt subitement, si, au

lieu des apprêts de sa noce il faut que j'aie à régler ceux de sa sépulture.

» — Mais vous avez des idées affreuses, répartit vivement la maréchale; est-il possible de se créer soi-même un supplice pareil, imaginaire, extravagant..... : nous sommes tous mortels, sans doute, notre dernière heure peut sonner à chaque instant, mais peut-on prévoir qu'elle soit si proche pour une merveille de santé et de fraîcheur. Mademoiselle d'Étioles est-elle malade? aucunement, le coloris brillant de la jeunesse pare ses joues, la vie est dans ses yeux. Ma chère amie, c'est avec de telles pensées qu'on se tue, qu'on empoisonne soi et les autres.....

» — Qui dit que j'ai empoisonné quelqu'un ! s'écria la marquise avec impétuosité et en proie à une émotion inexprimable; est-ce encore une calomnie dont on veut me flétrir? Serai-je responsable si la mort que je redoute pour ma fille frappe inopinément un de ceux dont j'ai à me plaindre...?

» — Vous êtes bien malade, répliqua madame de Mirepoix, vous devez avoir la fièvre, ce délire l'annonce, il faudrait appeler Quesnay.

» — En effet, je ne suis pas bien, il y a en moi quelque chose d'extraordinaire.

» — Croyez-moi, faisons venir le docteur.

» — Non, c'est inutile, c'est l'heure du roi.... je n'aime pas qu'il me voie souffrante, cela lui permet d'apercevoir que je peux vieillir.

» — Autre folie, vous serez immortelle, votre beauté augmente au lieu de diminuer, faut-il l'attribuer à la nature ou à l'amitié du comte de Saint-Germain, celui-là est accoutumé à faire des miracles....

» — Ah! le comte, dit la marquise en rentrant dans son trouble passé, que me veut-il, pourquoi est-il menaçant...? Je lui offrais la paix...; il a voulu..., que m'importe, je ne crains personne, le roi me reste...

» — Je vous conseille de vous coucher, dit piteusement madame de Mirepoix, il vaut mieux que le roi vous trouve au lit et calme que levée et battant la campagne....; vous n'êtes pas bien, croyez-le..., vous prenez avec trop d'affection des contrariétés légères....; appelez madame Dubausset qu'elle vous donne un cordial.

La marquise reconnaissant en effet que la vivacité de ses sensations prenait trop d'empire sur elle, suivit le conseil de la maréchale de Mirepoix; une potion adoucissante fut demandée, elle la prit, et cette boisson calma pour un instant le feu allumé dans son âme, elle parut moins agitée, et son amie satisfaite ne la quitta que lorsque le signal ordinaire eût annoncé que le roi allait paraître.

CHAPITRE XIV.

A ses propres auteurs la vengeance est fatale,
Elle amène après elle une troupe infernale
De remords, de fureurs dont les tristes effets
Rendent les mieux vengés les plus mal satisfaits ;
Mais qui veut l'exercer n'a point d'autres pensées.
Il ne peut rien prévoir et son âme oppressée,
Sensible seulement à son cruel ennui,
Ne cherche son repos qu'en la peine d'autrui.

   Gombaud, *Danaïdes*, acte 3.

 Il est rare que le crime commis au profit du coupable ne retombe sur son auteur.

   Le Noble.

LES ASTRES ONT RAISON.

C'était devant le roi qu'il fallait surtout faire disparaître ces convulsions douloureuses provoquées par les reproches de la conscience. Madame de Pompadour en avait l'habitude, aussi lui coûta-il moins de se vaincre que lorsqu'elle s'était trouvée en face de la maréchale de Mirepoix ; sa physionomie redevint calme comme par enchantement, ses yeux parurent sereins, et un sourire engageant couvrait ses lèvres tandis qu'elle était consumée au fond du cœur.

Louis XV, par un contraste dont la marquise s'aperçut d'abord, était un peu plus morose qu'à son ordinaire : on pouvait remarquer sur ses traits qu'il éprouvait un désappointement quelconque, et celle qui était là ne manqua pas de s'en appliquer la cause: c'est ainsi que nous pensons tous en pareil cas.

Le roi tenait à la main des papiers soigneusement enveloppés, il ne les posa pas sur la table près de laquelle madame de Pompadour travaillait, ainsi qu'il en avait l'usage, mais il les mit sur la cheminée d'où il pouvait les reprendre et mieux les surveiller. Le roi parlait sans se souvenir de ce qu'il disait, et on lui répondait avec non moins d'indifférence ; chacun d'eux voulait venir à autre chose, et hésitait, parce que, lorsque l'on est fortement préoccupé d'une pensée, on hésite à savoir de quelle manière on la présentera pour qu'on la voie sous un jour favorable. Le roi enfin se déterminant à entamer le texte qu'il méditait.

« La famille royale, dit-il, n'est pas prête à faillir, voilà une de ses vieilles branches qui va s'éteindre, celle des Courtenay, et tout aussitôt en surgit une non moins solidement établie en droit direct, qu'il ignorait jusqu'à cette époque. Que diriez-vous si on présentait à la cour un nouveau descendant des Hugues-Capet ? »

« Encore, répondit la marquise, faudrait-il être certain qu'il ne fait pas un conte bleu. »

» — Ma foi, répartit le roi, je ne sais moi-même trop qu'en dire; au demeurant voici une portion des titres : on désire que je les soumette aux érudits du royaume mais dans un seul cas. »

Le roi se tut, il parut hésiter, puis reprenant :

« Mon intention n'est nullement de permettre qu'une branche de la maison régnante tombée dans une telle obscurité qu'elle aura jusqu'à ce jour échappé aux recherches des généalogistes, des historiens, obtienne ce que l'on a constamment refusé à MM. de Courtenay dont la filiation est incontestable. Je suis seulement curieux de savoir ce que pensera de ceci, et l'ordre de Saint-Benoist qui se connaît en vieilles chartes, et l'académie des inscriptions et belles lettres.

» — Et qui possède de pareils titres ? et qui élève d'aussi hautes prétentions ? demanda la favorite à qui un pressentiment qu'elle ne démêlait pas bien inspirait une crainte involontaire.

» — L'un de vos amis, madame, répartit le roi; quand je dis un de vos amis, je me trompe peut-être...; un des miens, dans tous les cas.

» — Dès lors, soit, je dois aussi l'aimer, quoique peut-être Votre Majesté puisse prendre pour attachement ce qui est du manège....

» — Je n'ai pas nommé le comte de Saint-Germain répliqua Louis XV, et déjà vous l'attaquez... est-il possible que votre mauvaise humeur envers lui vous ait fait oublier les témoignages d'affection et d'estime qu'il n'a cessé de vous donner ?

» — Et pour les compléter, dit la marquise, en laissant percer à demi son mécontentement, il me dessert dans l'esprit du roi, me calomnie, me fait coupable...

» — Vous lui prêtez, madame, des intentions qu'il n'a pas, je vous le proteste; non, Saint-Germain profitant des entrées extraordinaires que je lui ai accordées, est venu ce matin me trouver, m'a raconté ses démêlés avec vous, l'amour de votre fille pour son petit-fils; j'ai su quelle était la haute naissance du jeune homme. Le comte a provoqué un examen rigoureux touchant les actes par lesquels il prétend les rattacher à ma famille, a mis sous mes yeux l'éclat de sa fortune, et a tellement satisfait à toutes mes observations, que, franchement, je me suis étonné de vos exigeances. »

A mesure que le roi parlait, le dépit de la marquise allait en augmentant, elle comprenait que Saint-Germain, plus noble qu'elle, avait pris le meilleur moyen pour la combattre avec avantage ; celui de se donner

Louis XV pour auxiliaire, et qu'il y avait complètement réussi : parviendrait-elle à détruire l'impression qu'il aurait faite, le coup porté et irréparable lui imposait à la fois de la colère, et de la frayeur. Ses yeux se remplirent de larmes, et évitant de répondre directement, elle dit :

« Lorsque M. de Saint-Germain a voulu s'allier avec moi, j'étais engagée par une parole d'honneur et irrévocable avec MM. de Richelieu. Le roi a lui-même mis le sceau à cette alliance par le consentement qu'il y a donné. Il a corroboré celui de l'empereur et de l'impératrice; et ce qui a été décidé sous ces aupices respectables ne peut aucunement être rompu. J'ai fait cette objection à M. de Saint-Germain, il n'en a tenu aucun compte, a insisté, j'ai fait comme lui en cédant. La chose n'a pas été ainsi ; un projet d'enlèvement, dirigé contre ma fille, a été commencé. Dans son exécution par le jeune homme, j'ai pu le déjouer, je l'ai fait ; et dans mon ressen'iment que je crois excusable, j'ai rompu toute amitié avec monsieur de Saint-Germain, et loin d'en être repentante, le plus grand chagrin que le roi pourrait me faire, serait de m'imposer une réconciliation avec ce personnage. Quoi qu'il en soit, Sire, l'alliance de M. de Richelieu me contente, et toute autre me causera de la peine. C'est au roi à voir si je dois être violentée dans mes affections par M. de Saint-Germain. »

Le roi parut contrarié par la réplique de madame de Pompadour, et ne se gêna pas pour le laisser paraître.

« Oh! vous aimez, dit-il, à désespérer les gens; pouvez-vous tourmenter l'inclination de votre fille; encore si elle reposait sur un homme du commun, sur un simple gentilhomme; mais quand on vous offre pour gendre un véritable grand Seigneur, remontant par toutes ses origines, à des maisons souveraines, naissance que, sans la constater, je peux rehausser au moyen d'un titre, et du plus éminent de mon royaume... Vous pleurez... mon intention n'est pas de vous faire de la peine, ce mariage vous déplait; n'en parlons plus : mais, à mon tour, continua le roi, en devenant plus sérieux, puis-je espérer de vous une grâce ?

» — Ah ! Sire, vous n'avez qu'à parler, dès que votre bonté m'autorise à demeurer maîtresse du sort de ma fille.

» — Eh bien, consentez à vous racommoder sincèrement avec le comte de Saint-Germain; sa société m'est agréable, il m'a rendu des services : si naguères j'ai paru un peu fâché contre lui, convenez que vous n'avez pas moins aidé à monter ma tête : de quoi au fond était-il coupable ? d'obéissance. D'ailleurs, ce qu'il vient de me confier, indépendamment de ce qui le concerne, m'a donné la preuve de sa bonne foi et son ferme attachement à ma personne. Je connais maintenant les vrais instigateurs de l'assassinat tenté sur moi. »

Le roi s'arrêta, et madame de Pompadour, violemment agitée, ne savait à quoi se résoudre, et si employant toutes ses ressources, elle ne tenterait pas de vaincre la nouvelle façon de penser du roi ; occupée ainsi à traiter avec elle-même, elle gardait le silence de son côté; silence que Louis XV interprétant mal le força à dire :

« Ainsi, Madame, ma prière est sans pouvoir sur vous ; et il vous convient uniquement de persister dans votre résistance, sans vouloir me permettre d'en faire autant pour ce qui me plaît. »

A cette manière de s'énoncer et plus encore à l'expression que prit le visage du roi, madame de Pompadour comprit qu'elle avait poussé trop loin la résistance ; un motif puissant devait sans doute l'éloigner du comte de Saint-Germain. Une barrière éternelle allait s'élever entre eux et les séparer ; mais à cette heure présente, lorsque le roi voulait les rapprocher, s'opiniâtrer à ne pas céder à ses desseins souverains et le manifester ainsi, serait donner trop d'avantage à cet homme destiné à être un ennemi irréconciliable.

La marquise fit ces réflexions, se représenta les suites qu'aurait un refus prolongé, et cherchant à ressaisir la supériorité de sa position qui paraissait lui être enlevée, se détermina à faire ce que l'on appelle contre mauvaise fortune bon cœur. Ses traits qui insensiblement étaient remontés à un aspect sombre redevinrent gracieux et elle dit :

» — Je vois que la clémence est au nombre des vertus précieuses et sans nombre du roi ; il propose pour lui et les autres le pardon des injures, et se serait tenir trop à son droit rigoureux que de ne pas l'imiter ; il veut que mon mécontentement cesse, que je me rapatrie avec qui m'a grièvement affectée, soit, j'y consens ; il m'a pour agréable de lui donner cette nouvelle preuve que mes affections se règlent sur les siennes, et que mon plus vif désir est de le contenter.

» — C'est ainsi que je vous aime, repartit le roi avec vivacité, et qui, en même tems, et à l'exemple de madame de Pompadour, donna à sa figure une teinte moins mélancolique. Un armistice tel que je le demande sera peut-être suivi d'un plein traité de paix. Le comte, je vous l'assure, ne demande pas mieux. C'est un homme plein d'esprit, de haute science, très-bien né quoiqu'il date de loin, et là-dessus je ne comprends presque rien à sa généalogie; l'essentiel d'ailleurs, c'est qu'il est riche, qu'il l'est à millions, et par conséquent ne ressemble en aucune sorte à ces gens besogneux qui sont toujours en paroles et gestes pour vider la cassette des rois. Je suis persuadé que, des deux côtés, une explication franche, dès qu'elle aura eu lieu, vous remettra ensemble au même point où vous étiez jadis : au demeurant, on peut achever de vider sans retard le fond du sac. Le comte est ici proche et attend pour paraître devant vous, que la permission m'en ait été accordée; n'est-il pas vrai qu'il vous plaît que je le fasse venir ? »

La marquise se sentit mal à son aise à cette demande imprévue.

» — S'il voulait, dit-elle, retarder sa visite à demain.

« — Pourquoi ce délai ? il prouverait que vous cédez seulement à ma volonté ; allons, faites la chose de bonne grâce. »

Et le roi, sans attendre une autre réponse, tira le cordon de la sonnette, il dit lui-même au domestique qui se présenta qu'on allât avertir M. de Saint-Germain qui était demeuré dans l'œil-de-bœuf avec le reste des courtisans de venir sur-le-champ chez madame la marquise de Pompadour.

Celle-ci violemment agitée, apercevant d'un regard effrayé les conséquences de la nouvelles tournure que prenait cette affaire, redoublait d'attention sur soi-même pour ne rien laisser connaître, au roi surtout, de ce qui la tourmentait en son cœur. La présence du comte de Saint-Germain, dans une pareille conjoncture, lui devenait plus que jamais insupportable; causer avec lui d'abord, et puis après, sans doute, soutenir la scène qu'elle prévoyait et dont l'importance serait telle qu'on ne pouvait même pas s'en exagérer les effets; cependant, elle gardait au fond du cœur ces nouvelles angoisses, et par une contraction extraordinaire maintenait son extérieur en un enjouemnt agréable.

Le roi en attendant que le comte parût, se mit à dire.

« Savez-vous ce qu'il y aurait de mieux à faire? ce serait de me donner le soin de négocier une rupture des accords convenus entre vous et le duc de Richelieu, je présume que la chose ne serait pas très-difficile.

» — On croirait, à entendre le roi, ne put s'empêcher de repondre avec presque de l'aigreur madame de Pompadour, que mon alliance est insupportable à votre premier gentilhomme de la chambre.

» — Vous me faites dire, repartit le roi, ce que je ne pense ni lui non plus; mais je suis persuadé que si je manifestais au maréchal le désir qu'il cherchât ailleurs une autre femme que mademoiselle d'Etioles, il en éprouverait certainement beaucoup de regrets, mais ne laisserait pas que de me contenter; je crains, Madame, que, dans ceci, vous ne vous soyez trop butée à repousser un bon parti. »

Rien ne pouvait déplaire mieux à la favorite que cette insistance du roi; elle en ressentait un dépit mortel, d'autant plus vif qu'au fond de son âme, il y avait nécessité, à s'avouer deux choses; la première qu'en effet, le duc de Richelieu ne consentait à ce mariage qu'à contre-cœur; la seconde, que toute autre à la place de la mère d'Alexandrine ne balancerait plus entre le duc de Fronsac et Géréon. Or, lorsque l'on a tort, c'est le moment précis où l'on s'opiniâtre à prétendre avoir raison. Il est un fait, c'est que chez les femmes et chez les hommes, on cède plus facilement lorsque l'équité est pour nous, que quand elle est contre : c'est une des bizarreries de caractère ; qu'on réfléchisse, et on avouera que je dis vrai.

Comme le roi n'adressait pas une question directe à la marquise, celle-ci garda le silence ; ce lui fut d'autant plus facile, que les pas du comte de Saint-Germain que sans doute on n'avait pas été chercher jusqu'à l'œil-de-bœuf, se firent entendre dans le salon voisin ; bientôt il entra chez sa nouvelle ennemie.

« — Comte, dit le roi, j'ai préparé les voies à un plein et sincère racommodement ; madame de Pompadour avec une bonté peu facile, a cédé, et vous acheverez mon ouvrage ; je lui ai redit ce que vous m'aviez confié : vos prétentions à vouloir appartenir à ma famille et surtout votre envie naturelle de vous lier avec la sienne, tout cela est encore dans le vague, et s'il faut que je m'explique je vois l'un plus facile que l'autre.

» — Vous aviez raison, Sire : je parviendrai beaucoup plus tôt à établir la descendance du jeune homme dont je vous ai parlé, qu'à lui rendre favorable madame la marquise.

» — Oh ! dit le roi, vous interprétez mal mes paroles.

» — Quant à moi, répliqua madame de Pompadour en tâchant d'être sévère sans raideur, il me semble qu'il y aura autant d'obstacle à l'une qu'à l'autre.

» — Voyez comte, dit le roi, quelles montagnes on vous oppose.

» — Je chargerai les savans de votre royaume d'applanir la première ; je demeure convaincu qu'ils y parviendront : quant à la seconde, puisque le roi a eu l'excessive indulgence de trouver déjà qu'elle ne devait pas être inaccessible, j'y arriverais si mon ancienne amie voulait m'écouter sans préventions.

» — C'est là précisément, répondit la marquise, ce qui ne peut être, et comme il est convenu que, sur ce point, nous ferons tous assaut de franchise, j'avouerai en présence du roi, que je suis peu portée pour le gendre qu'on veut me donner, il m'a toujours déplu, lors même que je le comptais en quelque sorte au nombre de mes domestiques.

» — Un homme qui peut appartenir à ma maison! dit le roi presque fâché.

» — Sire, repartit M. de Saint-Germain, lorsque Géréon vivait chez madame la marquise sous la tutelle d'une personne de confiance il possédait déjà un million de biens et en général, en France pas plus qu'ailleurs, on n'endosse, ou on ne vous fait porter la livrée d'un particulier lorsque l'on a quarante mille livres de rentes.

» — Et vous avez raison, Monsieur. Ainsi, il m'est prouvé que ce jeune homme, dont on me parle tant et que je connais à peine, aura toujours été convenablement traité, et n'a pu être aux gages de personne?

» — Quoi qu'il en soit, Sire, reprit madame de Pompadour avec vivacité, il ne me plaira jamais de le nommer mon fils.

» — On ne vous y forcera pas, Madame.

Si cependant il devenait certain que le sang des Capets coulât dans ses veines, j'aurais peine à me rendre compte de votre éloignement pour lui; car enfin... ma famille, je présume, n'est pas de celles dont on dédaigne l'alliance?

» — Non, certes, Sire ; mais où sont les actes qui prouvent que Géréon a cet honneur? Jusqu'ici tout ce que nous savons repose sur la seule parole de Monsieur, et on m'a dit tant de fois, qu'en fait de généalogie, le plus habile se trompe. D'ailleurs, j'ai pris avec le duc de Richelieu un engagement d'honneur, je le tiendrai... à moins qu'on ne me violente.

» — Madame, répliqua le comte de Saint-Germain, vous montrez une loyauté bien respectable, et ce ne serait pas moi qui solliciterais pour qu'on vous forçât à ce qui vous déplaît tant. Mais, lorsque j'aurai convaincu le roi et toute la France que mon petit-fils descend du chef de la troisième dynastie; lorsque j'aurai employé des sommes immenses à lui créer une fortune au niveau du rang qu'il aura; lorsque les sentimens de mademoiselle d'Etioles auront encore éclaté; lorsqu'à force de prières on sera parvenu à vous attendrir, il ne vous restera pour objection unique et dernière, que le lien réciproque qui vous attache à MM. de Richelieu; cet obstacle ne me sera pas embarrassant, surtout si le roi et vous consentez à jeter les yeux sur cette pièce dont j'ai eu soin de me munir. »

Et en achevant ces mots, le comte de Saint-Germain sortit de ses tablettes une lettre adressée au roi. Celui-ci la prit.

« Voilà, dit-il, le cachet et l'écriture du maréchal. »

La marquise, dans sa colère, mordit ses lèvres, car elle prévoyait ce que ce papier pouvait contenir. Le roi en fit à haute voix la lecture.

« Sire,

« Il me revient que des circonstances im-

» périeuses pourraient faire regretter à ma-
» dame la marquise de Pompadour la parole
» qu'elle m'avait donnée; je serais au déses-
» poir de contrarier cette dame, même dans
» ce qui me flatte le plus. On m'a dit aussi que
» l'on remettrait au roi la décision de cette
» affaire; dès-lors, je crois devoir rendre con-
» ditionnellement à madame de Pompadour
» sa parole; je lui laisse la mienne toujours
» engagée dans le cas où elle persiste à l'hon-
» neur qu'elle veut bien faire au duc de Fron-
» sac; en un mot, j'obéirai aveuglément à
» tout ce que me commandera Votre Ma-
» jesté.

» Je suis, etc. »

« En vérité, dit le roi, ce désistement vient à propos; mais par quelle voie avez-vous pu l'obtenir? Vous êtes un magicien consommé.

» — Non pas en cette circonstance, répondit Saint-Germain en souriant; je me suis servi d'un enchantement fort ordinaire. Le maréchal part après demain pour entrer en campagne, et une contribution de guerre offerte à propos à son lever...

» — J'entends, la clé d'or... Ainsi, de ce côté, il n'y a plus d'embarras.

» — Sire, dit madame de Pompadour avec véhémence, la conduite du duc de Richelieu, conforme à ses sentimens, ne peut, en aucune manière, régler la mienne, et le roi ne voudra pas me forcer à donner ma fille à un gendre qui me serait odieux.

» — Odieux, Madame, s'écria Louis XV.

» — Oui, Sire, le mot est lâché, je ne m'en dédis point. »

Le roi, frappé de l'action que la marquise avait mise dans ce propos haineux, se retourna vers M. de Saint-Germain.

« Ici finit, dit-il, mon rôle de solliciteur, je me ferais un scrupule de violenter la volonté d'une mère.

» — Puisque Madame est bien avertie, d'ailleurs, répondit le comte, persister malgré les conséquences d'un refus, à exposer ce qu'elle a de plus cher au monde, tout doit être fini, et, pour ma part, je n'insiste pas. Mais il est néanmoins une grâce que je réclamerai de sa bienveillance, la liberté de celui qu'elle repousse si cruellement. Il est, depuis une certaine heure bien fatale, arrêté et sous la garde de l'exempt Duportal; serait-ce exiger trop que de demander qu'il me fût rendu?

» — Pour qu'il recommence à se rendre coupable, pour qu'il achève de perdre ma fille, pour qu'il l'a déshonore entièrement, s'écria madame de Pompadour hors d'elle-même; le roi est trop juste pour le souffrir. Quoi! on punira d'une prison rigoureuse quiconque tente d'enlever une fille à ses parens, et ce crime commis envers moi et dans le château de Versailles sera souffert, et son auteur sera laissé maître de recommencer en prenant mieux ses mesures? Je l'ai surpris sur le fait; j'ai sollicité du comte de Saint-Florentin, une lettre de cachet légitimement obtenue, je veux qu'on la mette à exécution;

c'est mon droit, et je serais bien malheureuse si le roi voulait que mademoiselle d'Etioles fut abandonnée à l'insolence d'un audacieux. »

Il était visible pour ceux qui se trouvaient là que Louis XV souffrait d'une pareille scène, et qu'il se sentait péniblement froissé entre sa conviction personnelle du peu de gravité du délit, rapproché surtout de la réparation offerte, et la virulence des plaintes de madame de Pompadour; accoutumé depuis des années à céder à toutes ses volontés, il avait de la peine à s'en affranchir, à lui causer un chagrin direct, et néanmoins il voyait avec mauvaise humeur que s'il mollissait, le comte pourrait l'accuser de faiblesse. Cherchant à se démêler de ce double embarras.

« Il est juste qu'une action blâmable soit punie, et, puisque madame ne veut absolument pas que celle-là s'accommode selon l'usage, je lui reconnais le droit d'en obtenir le châtiment. Mais, d'une autre part, il faut avoir de l'indulgence pour l'étourderie de l'âge, et tâcher que la peine ne soit pas outrée.

M. le comte, dit le roi, en se retournant vers Saint-Germain, prenez-vous l'engagement de faire sortir de France et sans délai, le jeune homme qui cause tout ce bruit, et de ne l'y faire rentrer que lorsqu'il conviendra à madame?

» — Oui, Sire, répondit le comte en s'inclinant, Géréon partira aujourd'hui même, puisque Madame se refuse à son bonheur, et puisqu'elle ne recule pas devant ce que les astres prédisent.

» — Oh! dit le roi en le regardant fixement, est-ce qu'il y aurait quelque chose de surnaturel sous jeu?

» — J'ai dit à Madame tout ce qu'il fallait lui apprendre, elle persiste, je n'ai plus rien à me reprocher. »

Le roi tourna les yeux vers la marquise, et elle continua à se taire.

« Allons, reprit le roi, ce que femme veut Dieu le veut; n'est-ce pas ainsi que s'exprime le proverbe?

» — Et il est vrai, Sire.

» — Dès lors soumettez-vous ; mais, avant que le jeune homme parte, j'ai le vif désir de le voir ; à peine si je me rappelle ses traits, et puisque, à ce que vous affirmez, nous venons d'une souche commune, la fantaisie me prend d'essayer à connaître s'il porte sur son front le cachet de son origine. Madame, veuillez donner des ordres pour que Duportal amène son prisonnier. »

Le roi, en parlant ainsi, cachait une arrière-pensée; madame de Pompadour, frappée de cette volonté exprimée d'une façon à ce que toute résistance fût impossible, et en même tems épouvantée par ce qu'elle avait commandé dans sa précipitation furieuse, tomba dans un accablement de désespoir qu'elle déguisa mal. S'en apercevant, et redoutant que l'on n'en tirât contre elle de terribles conséquences lorsque le moment fatal serait venu, elle s'empressa de répondre d'une voix palpitante d'émotion, que la volonté du roi serait exécutée, et aussitôt elle sortit.

Le roi, qui avait le désir de pousser jusqu'au bout le rôle qu'il jouait, profita de l'absence de la marquise pour aller dans le salon, où le duc d'Ayen l'attendait avec le premier gentilhomme de la chambre, donner des ordres à celui-là ; il rentra vite et avant madame de Pompadour, qui reparut. plus calme ; car persuadée qu'elle touchait au moment le plus majeur de sa vie, elle avait fait un appel à toutes les forces de son âme, afin de soutenir avec énergie ce dernier assaut

Quelque tems s'écoula avant que Géréon parut, la pièce où il était gardé appartenait à une portion éloignée du château. La conversation entre le roi, la marquise et le comte, fut languissante ; chacun de ces trois personnages, préoccupé de ce qui allait se passer, ne pouvait que prêter une attention bien faible à tout ce qui était étranger au texte du moment.

Madame de Pompadour, sous prétexte qu'elle souffrait beaucoup, avait pris place sur sa chaise longue ; le roi s'était assis en face d'elle ; M. de Saint-Germain se tenait entre eux deux, mais un peu en arrière, placé néanmoins de manière à voir ce qui se passerait.... La porte s'ouvrit, celle du salon.... en même tems s'ouvrit aussi celle du cabinet de travail.... Géréon entra par la première, et Alexandrine par la seconde. Dès que madame de Pompadour eût aperçu sa fille.

« Que venez-vous faire, lui cria-t-elle..., allez, retirez-vous.

» — C'est moi qui l'ai mandée, repartit Louis XV.

» — Vous, Sire !..... pourquoi ? Je suis donc sacrifiée ? »

Géréon éprouva tant de joie à la vue d'Alexandrine, que son visage décomposé par une cruelle douleur, fut soudain coloré d'une rougeur provoquée par l'amour satisfait. Le jeune homme s'avança modestement et salua le roi avec autant de respect que de plaisir.

Le comte de Saint-Germain, animé de mille sentimens divers, et qui craignait une nouvelle violence de la part de la marquise, évitait de regarder son petit-fils.

Madame de Pompadour, également sous le poids d'une anxiété affreuse, demeurait immobile, certaine de ce qui allait s'en suivre, et redoutant un dénoûment qu'elle ne prévoyait qu'avec effroi.

Alexandrine, au contraire, était heureuse, car revoir Géréon était aussi un bonheur, mais non moins étonnée et craintive, par un sentiment de pudeur naturelle, elle baissait ses beaux yeux.

Le roi contempla ce tableau avec plaisir; il avait une haute reconnaissance des services que le comte de Saint-Germain lui avait rendus, lors de son assassinat par Damiens. Le comte, à tort ou à raison, lui persuada que la blessure était empoisonnée et neutralisa l'effet du venin par un électuaire que le roi prit en secret, et duquel il ne parla jamais. Un tel service demandait une récompense. Le roi trouvait l'occasion de s'acquitter, il la saisit, et prenant la parole.

« Madame, dit-il, voici un jeune gentilhomme que je vous présente, je le crée duc et pair, et je demande solennellement pour lui la main de mademoiselle d'Étioles. »

Les joues de madame de Pompadour devinrent livides comme le visage de la mort; un feu sombre brilla dans ses yeux; deux fois elle arrêta ce qu'elle avait à dire; cependant, cherchant à se vaincre :

« Puisque le roi me sacrifie, que ce mariage funeste ait lieu.

» — Il ne s'accomplira pas ! s'écria tout à coup le comte de Saint-Germain, avec un accent inexprimable de douleur et de courroux.

» — Quoi ! Monsieur, à votre tour, dit le roi sévèrement. »

Chacun regarda Saint-Germain, qui reprenant.

« Il ne s'accomplira pas !.... Voyez, Sire, mon malheureux fils est prêt à mourir.

» — Lui !..... Géréon !.... dirent à la fois Louis XV et mademoiselle d'Étioles. »

La marquise ne parla pas; et en effet, on vit l'amant d'Alexandrine, comme frappé d'un coup invisible, frémir, chanceler, et son visage se décomposer soudainement.

« C'est l'excès de la joie, dit le monarque.

» — C'est l'effet du poison, repartit le comte.

» — Ah! répondit la marquise, le misérable Duportal aurait il cru me servir par un crime?

» — Du secours! du secours! s'écriait Alexandrine, en tombant elle-même évanouie.

» — A quoi bon, repartit Géréon, oui, je me meurs; que Dieu pardonne ce forfait à mon bourreau. »

....
....

Un mois après, la famille d'Étioles accompagna le cercueil où reposait Alexandrine, jusqu'à la sépulture, demeure dernière de tout ce qui respire ici-bas, et la prédiction du comte de Saint-Germain fut trop fatalement accomplie.

FIN DU TOME SECOND ET DERNIER.

www.ingramcontent.com/pod-product-compliance
Lightning Source LLC
Chambersburg PA
CBHW050427170426
43201CB00008B/578